MÉMOIRES
ET LETTRES
DE MADAME
DE MAINTENON.

TOME VI.

Contenant le Tome VIe. des MÉMOIRES.

MÉMOIRES

Pour servir a l'Histoire

DE MADAME
DE MAINTENON,

Et à celle du Siecle passé,

Par Mr. de la Beaumelle.

NOUVELLE ÉDITION,

Augmentée des Remarques Critiques de Mr. DE VOLTAIRE, tirées de son Essai sur l'Histoire Générale.

TOME SIXIEME.

PIECES JUSTIFICATIVES.

MAESTRICHT,

Chez JEAN-EDME DUFOUR & PHILIPPE ROUX, Imprimeurs-Libraires, associés.

M. DCC. LXXVIII.

TABLE
DES PIECES
contenues dans ce
SIXIEME VOLUME.

PIECES JUSTIFICATIVES.

N°. I. *Titres de Noblesse de Madame de Maintenon.* pag. 1
II. *Extrait de Lettres.* 19
III. *Testament d'Agrippa-d'Aubigné.* 42
   Epigramme. 49
IV. *La belle Indienne à la jeune, belle & spirituelle Madame Scarron ; Galanterie.* 50
V. *Extraits concernant Charles d'Aubigné.* 56
VI. *Brevet de Dame d'Atour.* 62
VII. *Noels.* 63
   Sonnet. 68
   Epigrammes. 70
   Epitre à Madame de Maintenon. 72
VIII. *Avis de M. de Chartres à Madame de Maintenon sur le devoir conjugal.* 76

TABLE

N°. IX. *Lettre de M. l'Evêque de Chartres au Roi, sur la paix & sur sa femme.* 81

X. *Titres de la Maison de St. Louis.* 87
Supérieures de St. Cyr. 95

XI. *Mémoire sur le rappel des Huguenots fugitifs.* 97

XII. *Dialogue de l'Impératrice Pulcherie avec un Solitaire.* 119

XIII. *Vers de M. le Duc de Bourgogogne.* 133

Le Décalogue de la femme de Cour, par Madame de Maintenon. 134

XIV. *Témoignages.* 135

XV. *Instructions à des Demoiselles de St. Cyr.* 139

XVI. *Entretiens de Me. de Maintenon.*
Entretien I. 148
Entretien II. 152
Entretien III. 162
Entretien IV. 169
Entretien V. 176
Entretien VI. 180
Entretien VII. 184
Entretien VIII. 191
Entretien IX. 196
Entretien X. 201
Entretien XI. 205

DES PIECES.

LETTRES DIVERSES.

N°. XVII. 1ere. Lettre de M. le Duc de St. Aignan à Louis XIV, pag. 215
Réponse. 217
2e. Lettre de M. le Duc de Saint-Aignan. Ibid.
Réponse du Roi. 219
XVIII. Extrait d'une Lettre de M. le Maréchal de Luxembourg au Roi. Ibid.
XIX. LETTRES de LOUIS XIV à Me. de MAINTENON.
1ere. Lettre, & les neuf suivantes, depuis la page 221 jusqu'à la page 228
XX. Premiere Lettre de l'Electeur de Cologne, Joseph-Clément, à Me. de Maintenon. 229
XXI. Seconde Lettre du même à la même. 230
XXII. Troisieme Lettre du même à la même. 232
XXIII. Quatrieme Lettre du même à la même. 233
XXIV. Mémoire. 234
XXV. Mémoire. 237
XXVI. LETTRES de LOUIS XIV à diverses personnes.
Lettre 1ere. à la Reine. 239
Lettre II. au Duc Mazarin, 243

iv TABLE DES PIECES.

 Lettre III. au Roi de Danemarck. 244
 Lettre IV. au Comte Ulefeld. 245
 Lettre V. au Prince de Conti. 246
 Lettre VI. à M. de Pradel. 248
 Lettre VII. au Duc de St. Aignan. 252
 Lettre VIII. au Duc de Beaufort. 254
 Lettre IX. au même. 255
 Lettre X. au même. 261
 Lettre XI. à M. Bossuet. 262

N°. XXVII. LETTRES *de* LOUIS XIV *à* PHILIPPE V, au nombre de dix-sept, depuis la page 263, jusqu'à la page 289.

XXVIII. *Portraits.* 289

XXIX. *Testament de Madame de Maintenon.* 294

XXX. *Epitaphe.* 296

XXXI. *Lettre de consolation aux Dames de St. Louis sur la mort de Madame de Maintenon.* 300

XXXII. *Vers.* 306

Fin de la Table.

MÉMOIRES

MÉMOIRES

Pour servir a l'Histoire

DE MADAME DE MAINTENON,

Et à celle du Siecle passé.

PIECES JUSTIFICATIVES.

N°. I.

TITRES DE NOBLESSE DE MADAME DE MAINTENON.

Françoise d'Aubigné, de Maintenon.

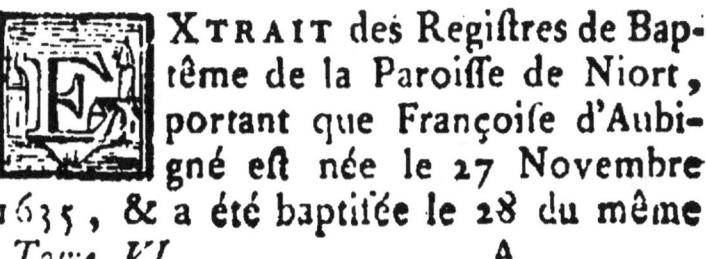

Xtrait des Regiſtres de Baptême de la Paroiſſe de Niort, portant que Françoiſe d'Aubigné eſt née le 27 Novembre 1635, & a été baptiſée le 28 du même mois. Parrain, François de la Rochefoucault : Marraine, Françoise de Neuillant.

Compromis fait entre Dame Jeanne de Cardillac, femme de Messire Constans d'Aubigné, tant en son nom, qu'en celui de Constans, de Charles, & de Françoise d'Aubigné, ses enfants, & Damoiselle Artemise de Caumont, femme de Pierre de Nesmond, Ecuyer, Sieur de Sansac, sur les différends qu'elles avoient pour le partage des biens de Messire Théodore-Agrippa d'Aubigné. Cet Acte est du 13 Juin de l'an 1642, reçu par Perrier, Notaire au Châtelet de Paris.

Constans d'Aubigné de Cardillac.

Contrat de mariage de Messire Constans d'Aubigné, Chevalier, Seigneur & Baron de Surimeau en Poitou, fils de haut & puissant Seigneur Messire Théodore-Agrippa d'Aubigné, Seigneur du Crest, & de Susanne de Lesai, avec Damoiselle Jeanne de Cardillac, fille de Pierre de Cardillac, Lieutenant de Mr. le Duc d'Epernon dans la garnison du Château-Trompette, & de Louise de Montalembert. Ce Contrat du 27 de Décembre de l'an 1627, reçu par Justian, Notaire à Bordeaux.

Transport d'une somme qui étoit due par haut & puissant Seigneur Mre. Constans d'Aubigné, Chevalier Seigneur de Surimeau, Gentilhomme ordinaire de la Chambre du Roi, & Ecuyer de sa petite écurie, faite à haute & puissante Dame Jeanne de Cardillac sa femme, le 11 de Décembre de l'an 1638.

Transaction faite entre César de Cardillac, Ecuyer, Seigneur de la Lane, & Damoiselle Jeanne de Cardillac sa sœur, femme de Constans d'Aubigné, Ecuyer, Seigneur & Baron de Surimeau, sur les différends qu'ils avoient pour le partage qu'elle demandoit dans la succession de Pierre de Cardillac son pere, Ecuyer, Lieutenant de la Compagnie de Mr. le Duc d'Epernon. Cet Acte du 1 Mars de l'an 1634, reçu par Dulos, Notaire à Bordeaux.

Testament de haut & puissant Seigneur Messire Théodore-Agrippa d'Aubigné, Seigneur de Crest, Maréchal des Camps & Armées du Roi, & Gouverneur des Isles de Maillezais, par lequel il laisse la terre des Landes-Guinemer à l'un des fils de Constans d'Aubigné son fils : institue ses héritiers, pour les trois quarts du reste de ses biens, les quatre enfants de Marie d'Aubigné sa fille aînée :

donne l'autre quart à Louife d'Aubigné, fon autre fille, femme de Mr. de Villette, & fait plufieurs legs à Boifrond fon Page, & au refte de fes domeftiques. Cet Acte du 24 d'Avril de l'an 1630, reçu par Dunant, Notaire à Geneve.

Obligation paffée le 17 de Mars de l'an 1611, par Conftans d'Aubigné, Ecuyer, Seigneur de Surimeau, Gentilhomme de la Chambre du Roi, Ecuyer de fa petite écurie, & Capitaine du Château de Maillezais. Cet Acte reçu par le Noir, Notaire au Châtelet de Paris.

Contrat de mariage de Benjamin de Valois, Ecuyer, fieur de Villette, Ecuyer de la petite écurie du Roi, & fils de Mre. Louis de Valois, Seigneur de la Fontaine-Villette, & de Dame Catherine Bourdin, avec Damoifelle Louife d'Aubigné, fille de Meffire Théodore-Agrippa d'Aubigné, Gouverneur de Maillezais & Vice-Amiral en Guyenne, & Dame Sufanne de Lefai. Ce Contrat du 22 Octobre 1610, reçu par Mathion, Notaire à Maillezais.

Contrat du premier mariage de Conftans d'Aubigné, Ecuyer, Seigneur de Surimeau, Gentilhomme ordinaire de la chambre du Roi, Capitaine de la citadelle de Maillezais, & fils de haut & puissant Théodore-Agrippa d'Aubigné, Seigneur des Landes, de Guinemer, & de Mursai, Gentilhomme ordinaire de la Chambre du Roi, & Gouverneur de l'Isle & du Château de Maillezais, & de Damoiselle Susanne de Lesai, avec Dame Anne Marchant, veuve de haut & puissant Jean Couraut, Seigneur & Baron de Châtelaillon. Ce Contrat du 30 de Septembre 1608, reçu par Dupuis, Notaire à la Rochelle.

Don de lods & ventes de la Seigneurie de Surimeau, faite par le Roi à Constans d'Aubigné, l'un de ses Ecuyers ordinaires, en considération de tous les bons & agréables services qu'il avoit faits à Sa Majesté, & qu'il continuoit de lui rendre. Ces Lettres du 3 Septembre 1595, signées HENRI, & par le Roi, Ruzé, & scellées.

Théodore-Agrippa d'Aubigné de Lesay.

Contrat de mariage de Théodore-Agrippa d'Aubigné, Ecuyer, Seigneur des Landes-Guinemer & du Chaillous, Ecuyer d'écurie du Roi de Navarre, & Gentilhomme ordinaire de sa Chambre, fils de Jean d'Aubigné, Ecuyer, Seigneur de Brie,

& de Damoiselle Catherine de Lestang, avec Damoiselle Susanne de Lesai, fille de noble & puissant Ambroise de Lesai, Seigneur de Surimeau, & de Damoiselle Renée de Vivonne. Ce Contrat du 6 Juin 1583, reçu par Vassé, Notaire à Bougouin.

Hommage de la Maison noble de Surimeau, mouvante du Roi, à cause de son Château de Niort, fait le 5 de Mars 1615, par Mre. Théodore-Agrippa d'Aubigné, Chevalier, Seigneur des Landes, de Guinemer, d'Audremont, & de Mursai, Ecuyer de la petite écurie du Roi, & Gouverneur pour Sa Majesté des Isles & du Château de Maillezais. Cet Acte fut reçu par Mashion, Notaire à Maillezais.

Délai accordé par la Cour de la Sénéchaussée de Poitou à Mre. Théodore-Agrippa d'Aubigné, Chevalier de l'Ordre du Roi, son Conseiller en ses Conseils d'Etat & Privé, & Lieutenant-général pour S. M. au Gouvernement de Maillezais, pour donner le dénombrement de sa terre de Surimeau. Cet Acte, du 18 Septembre 1614, *signé* Labbé.

Bail des terres de Surimeau & de Mursai, fait le 2 Mars 1613, par haut & puissant Théodore-Agrippa d'Aubigné, Chevalier, Seigneur des Landes-Guinemer de Murſai, & de Surimeau, Gentilhomme ordinaire de la Chambre du Roi, Vice-Amiral de Guyenne & de Bretagne, & Gouverneur du Château & des Iſles de Maillezais. Cet Acte a été reçu par Lornier, Notaire à Niort.

Hommage de la Seigneurie des Landes, mouvantes de la Seigneurie de la Motte-Cormerai, fait ce 13 Juin 1609, par haut & puiſſant Théodore-Agrippa d'Aubigné, Chevalier, Seigneur de Murſai-Maillezais, & héritier de Damoiſelle Catherine de Leſtang ſa mere.

Supplément de partage donné par Joſias de Leſay, Ecuyer, Seigneur de Surimeau, & par Damoiſelle Suſanne de Leſay ſa ſœur, femme de Théodore-Agrippa d'Aubigné, Ecuyer, Seigneur de Chaillous, à Damoiſelle Gabrielle de Vivonne leur tante, femme de Bertrand Taimond, Ecuyer, Seigneur de la Micheliere, dans la ſucceſſion de noble & puiſſant François de Vivonne, Seigneur de Murſai, & de Damoiſelle Adrienne de Vallé, leur aïeul & aïeule. Cet Acte du 24 Mai 1591, reçu par Biſſet, Notaire à Niort.

Aveu de la Seigneurie des Landes, donné le 28 de Décembre 1571, par noble homme Théodore-Agrippa d'Aubigné, Ecuyer.

Brevet d'une penſion de 400 écus, donnée par le Roi au Sieur d'Aubigné, Commandant pour ſon ſervice à Maillezais. Ce Brevet du 17 de Janvier 1592, *ſigné* HENRI, *& contreſigné*, Revol.

Brevet d'une penſion de 800 livres, donné par le Roi de Navarre au Sieur d'Aubigné ſon Ecuyer d'écurie, en conſidération des ſervices qu'il avoit rendus, & qu'il rendoit tous les jours auprès de la perſonne de ce Prince. Ce Brevet du 6 Mars 1580, *ſigné* HENRI, *& contreſigné* Berziau.

Jean d'Aubigné de l'Eſtang.

Hommage fait le 20 de Juillet 1551 par noble homme Jean d'Aubigné, à cauſe de la Seigneurie des Landes, mouvante de la Motte-Cormerai, laquelle appartenoit à Damoiſelle Catherine de Leſtang ſa femme.

Acte donné au lieu de Foulle-tourte le 23 Février 1551, portant, que noble homme Jean d'Aubigné, en obéiſſant aux commiſſions du Roi, & à l'injonction qui lui avoit été faite en conſéquence, avoit repréſenté des pieces originales en parchemin, & produit deux témoins pour prouver sa noblesse : & si le Procureur du Roi n'en étoit pas suffisamment informé par-là, il offroit d'en faire apparoir plus amplement. Cet Acte, *signé* Belot, *& scellé.*

Jugement rendu à Poitiers le 10 de Décembre 1667, par Mr. Barentin, Maître des Requêtes & Commissaire départi pour la vérification des titres des Nobles de la Généralité de Poitiers, par lequel il confirme Charles d'Aubigné, frere de Me. de Maintenon, Ecuyer, Seigneur de Surimeau, dans la possession de sa noblesse, après l'avoir justifiée par plusieurs titres, dont le premier, qui est énoncé dans ce jugement, est le contrat de mariage de Jean d'Aubigné, Ecuyer, Seigneur de Brie, fils de Pierre d'Aubigné, Ecuyer, Seigneur de Vignier, & de Damoiselle Catherine de Sourches, accordé le 2 de Juin 1550 avec Damoiselle Catherine de Lestang, fille de Jean de Lestang, Seigneur des Landes-Guinemer, & de Damoiselle de la Borde : *signé* Barentin, *& contresigné*, de Bellineau.

P. *d'Aubigné, Sourches.*

Le jugement ci-dessus. Les pieces

manquent ici : mais le contrat de mariage de Jean d'Aubigné énonce, qu'il étoit fils de Pierre d'Aubigné & de Catherine de Sourches.

Antoine d'Aubigné, de Brie.

Vente faite le 17 Juillet 1482 à Mre. François d'Aubigné, Seigneur de la Jousseliniere, de la Touche-d'Aubigné, par noble Damoiselle Charlotte de Brie, veuve d'Antoine d'Aubigné son frere, Ecuyer, Seigneur de la Parniere, de tous les droits qui appartenoient à Pierre d'Aubigné son fils, Ecuyer, dans la succession de noble Thibaut d'Aubigné, Chevalier, Seigneur de la Jousseliniere, Maître-d'hôtel du Roi, & de Dame Jeanne de la Parniere, ses grands-pere & mere. Cet Acte reçu par Pasquier, Notaire de la Cour de Beaupreau (1).

Thibaut d'Aubigné, de la Parniere.

Partage donné le 28 Décembre par no-

―――――――――――

(1) On voit par cet Acte que les d'Aubigné de Poitou & les d'Aubigné d'Anjou ont un ancêtre commun. Et c'est à cet Acte-ci qu'aucun Généalogiste n'a encore fait attention.

ble personne Thibaut d'Aubigné, Ecuyer, & par Jeanne de la Parniere sa femme, à Damoiselle Marguerite Charuelle, leur pere & mere, & dans celle de Guillaume, Seigneur de la Parniere & de Letrée Buor, leur aïeul & aïeule.

Echange d'héritages assis dans la Paroisse de Faverais, fait le 20 Août, 1473 entre Pierre Prieur, & noble & puissant Seigneur Thibaut d'Aubigné, Ecuyer, Seigneur de la Jousseliniere, & de la Touche d'Aubigné.

Transaction faite le 10 Octobre 1444 entre Jean Gosselin, Ecuyer, Seigneur des Hayes, son cousin, Thibaut d'Aubigné, Ecuyer, Seigneur de la Jousseliniere, fils de Jean d'Aubigné, & de Marguerite Gosselin, sur les différends qu'ils avoient pour le partage de la succession de Mre. Guillaume Gosselin, Chevalier, & de Dame Honneur Pelaude sa femme, leur grand-pere & leur grand'mere.

Signification de Lettres Royaux, obtenues par noble homme Thibaut d'Aubigné, Seigneur de la Jousseliniere, Maître-d'hôtel du Roi, faite le 2 Mai 1468 par Etienne Baule, Sergent à cheval au Châtelet de Paris.

Lettres de retenue d'Ecuyer d'écurie

du Roi Charles VI données le 12 Février 1550 à Thibaut d'Aubigné, Ecuyer, en considération de sa noblesse. Ces lettres *signées* par le Roi, de la Loëre, & *scellées*.

Morelet d'Aubigné, Gosselin.

Contrat de mariage de noble homme Morelet d'Aubigné, avec noble Damoiselle Marguerite Gosselin, fille de Mr. Guillaume Gosselin, Chevalier, & de Dame Honneur Pelaude, femme de noble homme Guion de Montefelon. Par ce contrat, qui fut accordé le 3 Juillet de l'an 1404, Jeanne de l'Espine, femme de noble homme Guillaume de Chourses, & veuve de Guion d'Aubigné, donne à Morelet d'Aubigné son fils la terre & Seigneurie de la Jousseliniere, avec l'hébergement de la Saussaye, du consentement de Messire Thibaut de l'Espine, Chevalier.

Acquisition d'héritages assis dans la Paroisse de Faverais, faite le 1 Janvier 1420 par Marguerite Gosseline, Dame de la Touche.

Vente faite le 5 Novembre 1412 à Morelet d'Aubigné, Ecuyer, Seigneur de la Touche, dans la paroisse de Faverais.

Guion d'Aubigné, de l'Espine.

Donation de tous les droits qui étoient échus par la mort de Guillaume de l'Espine à noble Damoiselle Jeanne de l'Espine, sa fille, femme de noble homme Guillaume de Chourses, Ecuyer, Seigneur de la Hardiere, & veuve de Guion d'Aubigné, faite le 2 Mars 1411 à Morelet d'Aubigné, son fils, Ecuyer Seigneur de la Touche.

Vente faite le 12 Janvier 1374, à Guion d'Aubigné, valet, d'une piece de terre dépendante de son fils, assise dans la paroisse de Faverais.

Vente d'une rente que Jean d'Aubigné, Seigneur de Marais, avoit vendue à Briand d'Aubigné, faite le Vendredi après la fête de la Nativité de Notre-Seigneur, de l'an 1374, par Isabeau de Brenczai sa veuve, Dame de Coudray, à Guion d'Aubigné, valet, Seigneur de la Touche près Faverais.

Pierre d'Aubigné, de Rivau.

Acte du 25 Juillet 1402, par lequel noble homme M. François d'Aubigné, Chevalier, Seigneur d'Aubigné, voulant pacifier tous les différends qu'il avoit avec Gaherier d'Aubigné, & avec ses autres freres & sœurs, enfants de Pierre d'Aubigné & de Marie de Rivau sa femme, leur donne des terres & des rentes dans la Seigneurie de la Motte en Valée, que Mre. Jean, Seigneur d'Aubigné, son pere, avoit laissée par son testament aux enfants du même Pierre d'Aubigné, au cas que Jean d'Aubigné son cousin germain du même Jean, Seigneur d'Aubigné, mourût sans enfants, comme il avoit fait.

Echange d'un héritage mouvant du fief de Pierre d'Aubigné, valet, fait le Mercredi après Ste. Luce l'an 1345.

Ventes d'héritages, faite le Lundi après la St. Jean-Baptiste de l'an 1344, à Pierre d'Aubigné, valet, par Perrin le Clerc, Seigneur de la Gaudessardiere.

Vente faite le Mardi après Pâques de l'an 1344, d'une rente qui devoit être payée annuellement à Pierre d'Aubigné, valet, & à ses héritiers dans la maison de la Touche.

Acquisition faite le Mercredi après la fête de St. Nicolas d'hyver de l'an 1342 par Pierre d'Aubigné, valet, d'une rente qui devoit lui être payée tous les ans dans sa maison de la Touche.

Olivier d'Aubigné, du Pin.

Contrat de mariage accordé le Dimanche après la fête de St. Martin d'hyver de l'an 1329, entre Olivier d'Aubigné, fils aîné, & assisté de Mre. Savari d'Aubigné, Chevalier, Sire d'Aubigné, avec Eutesse du Pin, fille de Mre. Jean du Pin, Chevalier.

Testament d'Eutesse du Pin, femme de M. Olivier d'Aubigné, par lequel elle lui donne le tiers de ses biens, & le nomme l'un de ses exécuteurs, avec Mre. Gui Turpin d'Aubigné, Seigneur de Marchais-Renaud. Cet Acte du Samedi avant la fête de Noël de l'an 1331, fait en présence d'Aïnore de la Haye, Dame d'Aubigné.

Guillaume d'Aubigné, de Coëmes.

Contrat de mariage accordé le 30 d'Avril 1273, entre Guillaume d'Aubigné, Chevalier, fils, & assisté d'Emeri d'Aubigné, Chevalier, & Aïnore de Coëmes, fille de Robin de Coëmes, son frere, Chevalier.

Lettre du Lundi après *Reminiscere* 1299, par laquelle Adam, Vicomte de Melun,

& Seigneur de Montreuil-Bellai, quitte Mre. Guillaume d'Aubigné, Chevalier, & ſes ſucceſſeurs, du droit de garde qu'ils lui devoient dans ſa ville & dans ſon Château de Montreuil.

Acquiſition d'héritages aſſis dans la Paroiſſe de Faverais, faite le Mercredi avant Pâques 1296, par Mre. Guillaume d'Aubigné, Chevalier.

Emeri d'Aubigné, de Beaupreau.

Acte du mois d'Août 1281, par lequel Mre. Joſſelin de Beaupreau, Chevalier, donne à Emeri d'Aubigné, Chevalier, une rente ſur les dixmes de la Paroiſſe de Mazé, au-lieu de ce qu'il avoit promis de lui aſſigner dans la Châtellenie de Beaugé, lorſqu'il épouſa Madame Jeanne de Beaupreau ſa tante.

Acte du Samedi après la Nativité de St. Jean-Baptiſte 1280, par lequel Emeri d'Aubigné, Chevalier, donne à Pierre de Poüancé ſon gendre les dixmes des Touches, dans la Paroiſſe de Mazé, pour 6 liv. de rente à déduire ſur celle de 50 liv. de rente en terre, qu'il avoit promis de lui aſſigner lorſqu'il épouſa Agnès d'Aubigné ſa fille.

Olivier d'Aubigné.

Donation de 20 livres de rente sur les revenus de la Seigneurie de la Bretêche en Valée, faite au mois d'Août 1255 à Olivier d'Aubigné, par Olivier d'Aubigné, son pere, Chevalier, du consentement d'Emery d'Aubigné, son fils aîné.

Jean & Geoffroi d'Aubigné.

Accord fait au mois de Novembre 1201, par lequel Mre. Jadouin, Seigneur de Doué, de Rochefort, & de l'Isle Brochard, assigne à Jean d'Aubigné, Chevalier, 6 liv. de rente sur la coutume & sur le péage de la Seigneurie de Rochefort-sur-Loire pour la part que Geoffroi d'Aubigné, son pere, Chevalier, avoit prétendu dans la succession de Jean de Doué, Chevalier.

Briand de Doué.

Extrait du Cartulaire du Prieuré de St. Denis de Doué, au Diocese d'Angers, contenant une donation d'une terre dépendante de la Seigneurie d'Aubigné, faite à l'Eglise St. Denis, par Geoffroi de Doué, du consentement de Pierre son fils, & en présence d'Eudes de Doué, son oncle, de Gobert de Brenezai, & de Geoffroi de Blason. Quoique cette charte n'ait point de date, on peut néanmoins connoître le temps dans lequel elle fut passée, parce que Ulger, Evêque d'Angers, qui y est mentionné, gouverna cette Eglise depuis l'an 1125, jusqu'en 1149.

Gontier de Doué.

Extrait du même Cartulaire, contenant une donation faite à l'Eglise de St. Denis de Doué, par Gontier de Doué, & confirmée par Giraud, & par Ebraud de Doué, ses enfants, du consentement de Briand, Seigneur de Doué, son fils aîné, en présence de Gausselin de Sainte-Maure, d'Emeri de Beaupreau, & d'Achard du Mesnil, Chevaliers. Cette Charte n'a point de date, non plus que la précédente; mais comme il est fait mention qu'elle fut passée le jour de la fête du Prophete Isaïe, dans l'octave des Apôtres St. Pierre & St. Paul, le jour avant les Nones de Juillet, le 6 Juillet, & le 13 de la Lune, sous le regne du Roi Philippe I, qui succéda à Henri I, son pere, le 4 d'Août 1060, & mourut le 29 Juillet de l'an 1108, sous le Consulat de Foulques IV, surnommé

Rechin, qui tint le Comté d'Anjou, après Geoffroi le Barbu, son frere, depuis l'an 1067, jusqu'en 1109, & sous l'Episcopat d'Eusebe Brunon, Evêque d'Angers, qui gouverna cette Eglise depuis 1047, jusqu'au 27 d'Août 1087. On peut juger par-là que cette donation fut nécessairement faite entre l'année 1068 & 1080.

N°. II.

EXTRAIT DE LETTRES.

Lettre de Théodore Agrippa d'Aubigné, du 8 Mars 1622 à Me. de Villette. Il lui dit que Geneve est à demi-assiégée, & que la calamité est par-tout, parce que par-tout est le péché.

Lettre du même à la même, du 22 Mars 1622. Il dit à sa fillette, que Dieu, en même temps qu'il lui donne la pauvreté, lui donne les pensées qu'il falloit, & une compagne qui tient bien sa partie en cela... Nous avons eu ici votre frere, duquel je ne puis dire ni bien ni mal, qu'il ne nous ait fait voir ce que je n'ose dire. Je ne daterai son changement qu'après les effets.... Votre doux maître m'en a écrit en homme de bien. Dieu veuille bénir le Murçai & tout ce qu'il contient!

Lettre du même à la même, du 9 Août, sans date d'année. Il lui dit que Geneve sort de la famine, que la guerre n'est pas si épouvantable qu'elle étoit, & qu'on est menacé de la peste. Il l'attend à Geneve avec impatience.

Lettre du même à la même, du 9 Juin 1627. Il lui dit de finir l'affaire de cinquante mille francs, parce qu'il craint que le trouble particulier ne se généralise. Il ajoute.... Après avoir prié Dieu dessus, pensé & repensé, j'en viens-là, que c'est une séparation fort dure. J'ai comme achevé de bâtir mon Crest. Je l'ai fait pour les miens. S'ils n'en jouissent pas, eux & moi serons mieux logés au Ciel. Au premier loisir, Mr. de Chauffepied & vous, saurez des nouvelles des affaires. Dis bon jour à tes petits.

Lettre du même à M. de Villette, du 7 Juin. Il lui dit que sa derniere lettre est inutile, le Roi s'éloignant comme il fait; & qu'il a donné contentement à sa conscience, *nihil intentatum reliquisse.* Il ajoute.... Vous êtes mon bienfaicteur; & les bienfaits sont doux de la main qu'on aime.

Lettre du même au même, de Geneve du 20 *Juin* 1626. Il lui accuse la réception d'une lettre de change de 16000 liv. Il dit qu'il eſt à ſec, & qu'il auroit beſoin de 4000 liv. au moins. Il ajoute : ... prenez à bon eſcient le conſeil de mon *uniquette*, Me. de Villette, pour donner ſoulagement à la famille de M. d'Ade. Car encore qu'il ſemble s'étranger de moi, je ne prends la faute de perſonne pour excuſe de mon devoir. Il demande ſi les mœurs d'Artemiſe, ſa petite-fille, s'accommoderont bien à la modeſtie & à l'humilité qu'il faut à Geneve.

Lettre de M. de Dangeau à M. d'Aubigné, à la Motte St. George. Il lui offre ſes ſervices; il lui demande ſon amitié; il lui donne des louanges; il ajoute.... Depuis quelques jours, le Roi s'eſt reveillé comme d'un profond ſommeil, & commence à vouloir faire quelque choſe pour moi, à qui il n'a rien donné depuis dix-huit ans que je l'ai ſervi. Pour le moins m'a-t-il donné une grande liberté de lui dire tout ce que j'ai voulu, ſans qu'il l'ait trouvé mauvais, bien que cela le touchât au vif, & dont perſonne n'oſoit lui parler. Que je ſois donc votre agent à la Cour ! Je lui chanterai tel langage qu'il vous plaira, ayant toujours deſiré avec paſſion la bienveillance de ceux que j'ai penſé être les plus gens de bien, les plus vaillants & galants, &

aussi de ces esprits transcendants ; & reconnoissant que vous avez par-dessus ceux qui sont tels quelque chose encore au-delà.

Lettre de Madame d'Aubigné à Me. de Villette : de Genève, du 14 Décembre 1625. Madame ma fille, je prie Dieu que votre petite suive les pas de celui de qui elle a la physionomie ; c'est double joie pour vous & pour tous ceux qui l'aiment. Je crains qu'étant aussi pressés que vous l'êtes, nous ne jouissions du plaisir de vous voir que comme d'un éclair. Je ne vous saurois assez dire la tristesse que nous avons sentie avec vous de la résolution précipitée de Mr. d'Ade. Il n'a rien à dire qui le puisse excuser. Hélas ! Madame ma fille, je vous ai bien plainte de voir ce subit changement si près de vous. Il faut espérer que Dieu pourvoira aux difficultés qu'on appréhende, &c.

Lettre de la même à la même ; de Genève, du 5 Mai 1626. Elle lui témoigne un grand desir de la voir. Elle ajoute... M. d'Ade écrit à Monsieur, que ses enfants vous vont voir souvent. C'est un grand bien pour eux, & qui donnera lieu à leur belle-mere de leur rendre tout le devoir qu'elle leur doit. Il est impossible que ce trop subit changement (*apparemment un second mariage*) ne fasse mal au cœur à tous ceux à qui ils appartiennent. J'ai gémis avec Monsieur. Mais si les enfants sont bien servis, la douleur est plus supportable. Ces petites ames sont trop cheres à Dieu pour les abandonner.

Lettre de la même à M. de Villette ; de Geneve ce 6 Janvier 1630. Elle lui donne des nouvelles de la guerre d'Italie. Et M. d'Aubigné, son mari ajoute... Si ce n'étoit pour savoir des nouvelles des couches de mon unique, je m'excuserois sur ma maladie ; car vous me devez deux réponses. Pour Dieu ! que je sache ce qu'il nous a donné.

Lettre de la même au même ; de Geneve, du 14 Avril, sans date d'année. Cette lettre est très-longue. Elle le félicite des couches de Me. de Villette. Elle lui donne des nouvelles de la guerre. Elle ajoute... La grande promptitude de Monsieur n'est point amoindrie avec l'âge, ni son excellent esprit, à qui il donne quelquefois plus de liberté que les affaires de ce temps ne permettent. Je lui dis souvent qu'il est temps d'arrêter sa plume. Ce sera du soulagement pour lui & pour ses amis. Il a eu ses jours passés une bourasque à cause du livre de F... (Fœneste) augmenté de nouveau, qui n'a pas été bien pris en ce lieu-ci, où les personnes pensent trois fois une chose avant que de la mettre en effet une. J'espere que le bruit sera autre : mais ce n'a pas été sans peine. Il a été travaillé d'une très-mauvaise colique, avec des tenesmes fort fâcheuses, qui depuis ce matin, commencent à lui donner un peu de relâche. Nous sommes en soupçon de son érésypelle ; car la cuisse commence à lui douloir...... J'ai écrit ceci ce matin ; & cependant l'érésypelle s'est formée, &c.

Lettre de la même au même. Il faut que je vous dise, avec une main tremblante & le cœur plein d'angoisse & d'amertume, que Dieu a retiré à soi notre bon Seigneur & votre bon & affectionné pere ; & à moi, aussi pere & mari, si cher & bienaimé, que je m'estime bienheureuse de l'avoir servi, & malheureuse de ne le servir plus. Hélas ! tout d'un coup il m'a été ravi ; & il me semble impossible de croire que ce coup soit arrivé. Je ne le verrai donc plus ! Je n'aurai donc plus la consolation de vous voir ici avec votre chere moitié, qui eût vu la sainte union de notre famille désolée !... Mon bon Seigneur fit cet été son Testament. A cette heure, il a ajouté quelque chose, & l'a fait clore par le Notaire. Il faut que je vous dise, Monsieur, que j'ai fait une
double

double perte. Dieu a retiré mon frere le même jour qu'il difpofa de mon bon Seigneur, qui tomba malade le Dimanche à 4 heures du matin, 21 d'Avril, felon le ftyle nouveau ; il rendit l'efprit à 6 heures le Jeudi matin, 9 Mai, le jour de l'Afcenfion, & mon frere mourut de langueur à 3 heures du foir. Voilà comme le Seigneur a appéfanti fa main fur moi...... Je fupplie Madame ma fille de modérer fa très-jufte douleur, &c.

Lettre de la même au même ; de Geneve, le 25 Mai 1650..... Je crois, Monfieur, que vous vous mettrez en chemin pour venir à nous : car je crois que votre préfence eft néceffaire. J'ai écrit à la bonne Princeffe fur la vertu des bains de Bade en Suiffe. Elle répond touchant ce que feu Monfieur lui avoit écrit de fon petit Arpinas, que la defcription lui en plaifoit. C'eft un très-joli lieu. S'il s'en falloit défaire, il ne fauroit aller en plus dignes mains. S. M. eft fortie de Lyon, où l'on attend M. le Cardinal pour s'aboucher avec le Roi, &c.

Lettre de la même au même : de Creft, 13 Juillet 1630....... Je n'oublierai jamais celui de qui j'ai eu l'honneur d'être fi chérement aimée, & à qui je ne puis penfer, que je ne jette un ruiffeau de larmes. L'heure de son repos étoit venue. Il s'alloit mettre dans un labyrinthe de fâcheuses affaires, que je n'ai su qu'après sa mort. Je vous en dirai beaucoup de particularités qui ne se peuvent écrire. Hélas! Monsieur, je suis triste jusqu'à la mort, qu'il n'ait pas disposé de son bien à votre contentement. Mais quand il avoit résolu quelque chose, il étoit si absolu, qu'on ne lui eût osé contredire. Sa volonté eût été de vendre la terre de Crest... Il y a des papiers qui sont sous la main du premier Syndic.... On m'a mandé de Geneve la prison de M.̃ de Candale, pris par les gens de l'Empereur, qui ont encore battu les Vénitiens. Feu notre bon Monsieur, disoit : *Si on se bat en Italie, c'est le bien de ce pauvre pays ; mais gare le retour.* Il faut croire que la garde d'Israël sera encore pour nous.

Lettre de la même au même : de Geneve, 8 Août 1630. Elle lui envoye la copie de l'inventaire des effets de son mari. Il y a, dit-elle, des Histoires qui sont à Bâle, de quoi nous ne pouvons rien faire à cette heure, à cause de la peste. Mr. de la Fosse en étoit chargé par le Testament... Je lui disois souvent que l'inégalité pourroit causer quelque mécontentement; il disoit : *Changeons de propos ; j'aime tous* mes enfants, mais il faut que je pense aux plus pauvres. Je fus bien étonnée quand j'appris qu'il lui restoit si peu d'argent. Les Députés de la Seigneurie vinrent visiter ses papiers, où ils trouverent un brouillon de la vie de feu Monsieur, là où ils ont effacé, comme vous verrez par la feuille que je vous envoye, ce qui parle des affaires de la Rochelle. C'est ce qu'ils tiennent être dangereux, & qui pourroit porter préjudice à quelques particuliers. Ils m'ont fait commandement que je vous envoye ladite feuille, & vous prier, & M. d'Ade aussi, d'en faire autant aux livres que vous en avez. Vous voyez à quoi nous en sommes, & à quoi on s'attache. Hélas! Monsieur, il y a bien d'autres choses plus pregnantes. Il me semble d'entendre notre bon Monsieur me dire : *Dieu veuille, ma mie, puisque je ne puis pas être Médecin, que je ne sois pas Prophete!* &c.

Lettre de la même à Me. de Villette....
Je suis assurée que vous supportez votre affliction en vraie Chrétienne avec votre vertu & piété. Mais hélas! c'est à moi à pleurer, puisque j'ai tout perdu. Celui par qui je vivois contente en lui rendant service, n'est plus. Il me semble que je n'ai plus rien à faire au monde. Je crains

d'offenser Dieu dans ma douleur.... Tout a été réglé ici, comme si M. de Villette y eût été. Feu M. d'Aubigné ne m'a rien dit à part, sinon qu'il me laissoit exécutrice de son Testament. Je m'en excusai, & lui dis qu'il remettoit ses affaires en mains bien foibles, quoique bien fidelles : il me répondit : M. Calendrin t'aidera, comme il a fait avec toute affection. J'écrirai à Me. de Rohan, qui est à Venise, pour les comptes qu'elle avoit avec feu Monsieur. Je desire de savoir si M. de Villette & M. d'Ade sont contents que l'on paye la dette de M. le Baron Constans d'Aubigné, à M. Huguetan de Lyon, qui sont, cent livres que ledit Huguetan lui prêta en sa grande nécessité.

Lettre de la même. M. d'Aubigné, de très-heureuse mémoire, devint malade le Dimanche à 4 heures du matin, le 9me. jour du mois d'Avril 1630.... Il eut très-bonne connoissance jusqu'à quelques momens avant qu'il mourût. Il nous a rendu grands témoignages de la joie qu'il ressentoit ; & quand il faisoit des difficultés de prendre nourriture, il disoit : *Ma mie, laisse-moi aller en paix, je veux aller manger du pain céleste.* Il a été servi en tout ce qui m'a été possible de m'imaginer. Ma peine n'a rien été. Si j'eusse pu donner mon sang & ma vie, je l'eusse fait de bon cœur. En ses deux denieres nuits, il fut consolé par deux excellents Ministres, ses amis. Il n'a manqué ni d'assistance, ni de consolation, jusqu'à son dernier soupir, par les plus excellents hommes de la ville, ses amis. Mais ce ne pouvoit être tant, que son mérite n'en requit davantage. Il est regretté de tous les gens de bien. Il a achevé ses jours en paix ; & deux heures avant sa fin, il dit d'une face joyeuse & d'un esprit paisible & content :

La voici, l'heureuse journée,
Que Dieu a faite à plein desir :
Par nous soit gloire à lui donnée,
Et prenons en elle plaisir.

Lettre de Catherine de Parthenai à M. de Villette : du Parc, du 6 Juin 1630. Elle lui fait compliment sur la mort de ce Gentilhomme, en qui toute notre Religion a tant perdu.

Lettre du Prince Henri de Rohan à M. de Villette : du 7 Juillet 1633. Monsieur, vos lettres ne me peuvent être que très-agréables pour ce que j'y apprends des nouvelles d'une Province que je ne puis jamais oublier, ni les amis que j'y ai ;

que j'y trouve un ſtyle capable de contenter un meilleur eſprit que le mien, & que j'y remarque la continuation de votre amitié, qui me ſera toujours très-chere, étant bien fâché que je ne vous puiſſe témoigner qu'en paroles l'eſtime que je fais de votre perſonne & mérite. En récompenſe des nouvelles du pays, je vous dirai les étrangeres. Les affaires d'Allemagne vont toujours très-bien pour le bon parti : la Couronne de Suede & les Princes d'Allemagne demeurent bien unis ; & les ſoins & offices du Roi leur ſervent de bon ciment. Et certes il maintient ce parti-là depuis la mort du Roi de Suede, avec une grande gloire & honneur. Nous ne voyons encore nul effet de la venue du Cardinal Infant : nul Prince Italien ne l'a vu, & chacun commence à ne le plus appréhender.

Je connois bien le Sieur Gallieres dont vous me parlez : c'eſt un très-honnête homme, qui n'a pu être reçu Tréſorier de France, à cauſe de la Religion. Voilà à quoi nous ſommes réduits de devenir partiſans, pour ne pouvoir entrer aux Charges, & d'être contraints de faire mal quand on ne nous veut pas permettre de ſervir le public. Je n'ai dans ma chambre que le portrait de ma fille, &

celui de votre beau-pere. Je vous demande la continuation de votre amitié, &c.

Lettre de Constans d'Aubigné à son frere Nathan d'Aubigné de la Fosse : de Niort, du 6 Mars 1637. Il paroît que sa misere étoit fort grande. Il lui dit qu'étant son aîné, il lui écrit avec franchise. Il le remercie de sa charité chrétienne & fraternelle, & de l'assistance qu'il lui promet. Il parle *d'une affliction en laquelle se forme dans trois mois un lustre parfait.* Vraisemblablement, il veut parler de sa prison. En ce cas là, il y fut mis en Décembre 1632. Il dit, que n'ayant point d'enfants du premier lit, il en a trois du second, deux fils & une fille ; & que l'aîné, âgé de sept ans & demi, commence déja à composer. Cet aîné, qui s'appelloit Constans, étoit né en 1629 du vivant de son grand-pere. Me. de Maintenon qui ne naquit qu'en 1635, n'étoit donc pas le fruit du libertinage d'une fille du concierge du Château-Trompette.

Lettre du même au même, du 10 Juin 1647, datée de l'étude du Ministre Rhoux, à Lyon. Il dit, que réduit à la derniere misere, il se retire en Languedoc ou en Provence, sous le nom de Charles des Landes. Il le prie de faire rendre à Mr. Rhoux 25 livres qu'il en avoit reçu. Il étoit à Paris le 16 Décembre 1642, où il fit quittance de mille florins Genevois, que Me. d'Aubigné-Renée-Burlamachi, fa belle mere, lui avoit légués. Renée-Burlamachi, veuve de M. Barbani, fut nommée Renée du nom de l'Abbeffe de St. Pierre de Rheims, fille du Duc de Guife, chez qui le Sieur Burlamachi s'étoit réfugié avec fa famille durant le maffacre de la St. Barthelemi. Sa femme accoucha dans l'Hôtel de Guife, de cette fille qu'on nomma Renée. Et pour conferver le fouvenir de ce fervice, il eft d'ufage de donner le nom de Renée à toutes les filles qui defcendent de ce Burlamachi. Me. d'Aubigné mourut en 1642, & fit héritiere Renée Burlamachi, fa niece, femme du Syndic Odet Lect.

Lettre de Me. d'Aubigné-Cardillac à M. de Villette; du 1 Juin 1641. Monfieur mon frere, j'ai reçu votre lettre du 23 Mai, où j'ai vu une raillerie en termes bien doux, de quelques mots qui m'ont peut-être échappé fentant la morale, que je fouhaiterois apprendre de vous plutôt que de vouloir vous l'apprendre. C'eft chez vous qu'il faut chercher le principe & l'origine de toutes les belles chofes. J'admire votre gentilleffe à me dire que fi je continue, je profiterai mieux en la

Morale qu'au Droit. Je souhaite avec grande passion le mariage de notre bonne niece, quoique je ne l'espere pas. Ce prétendu seroit plus raisonnable que son beaupere ; & ainsi je n'aurois plus à faire de Jurisprudence. Il faut que votre frere vous ait mal expliqué ce que je lui demande, si vous avez eu le moindre sujet de croire que vous eussiez contribué le moins du monde à ces visites aussi inutiles qu'importunes, étant toujours d'une telle curiosité, qu'il ne trouve rien qu'il ne lise. J'ai fait porter, & tout promptement, vos lettres à M. de Vaugelas. Je lui ait fait votre compliment. A quoi il a répondu avec sa civilité ordinaire. Ce Medor, duquel vous me parlez, méritera, s'il est tel, un mausolée de votre niece Artemise, si tant est que la diversité de Religion & autres difficultés leur permettent de conclure. Si je vois votre frere, vous serez averti fidélement de notre dialogue, étant, Monsieur mon frere, votre très-humble, très-fidelle & obéissante servante. *J. de Cardillac.*

Lettre de la même à Me. de Villette : de Paris 18 Juillet 1646. Elle lui rend compte de quelques commissions, & ajoute.... Je crains bien que cette pauvre galeuse (Me. de Maintenon) ne vous donne bien de la peine. Ce font des effets de votre bonté de l'avoir voulu prendre. Dieu lui fasse la grace de s'en pouvoir revancher, mais non pas en pareil cas ! Je plains bien votre frere, & voudrois de tout mon cœur pouvoir être auprès de lui, comme il le souhaite, croyant bien qu'il en recevroit quelque soulagement & consolation. Je n'ai au monde de passion plus forte, après celle de vous servir, que de me voir hors de tous ces embarras, parmi lesquels j'éprouve le conseil qu'un de nos Auteurs Catholiques donne aux veuves, de n'avoir point de procès, s'il se peut. C'est feu M. de Salles, Evêque de Geneve : il en dit les inconvénients. C'est ce qui me feroit séquestrer du monde, & trouver un Couvent dans ma chambre, & parmi les miens, où je trouverois autant d'occasions de servir Dieu que dans un Couvent monastique. J'admire la providence de notre Seigneur, qui laisse les personnes aux fonctions qui leur sont moins agréables, vous avouant que je hais le monde de tout mon cœur. C'est une aversion que j'ai toujours eue, ne voyant que corruption de tous côtés. Mais il faut avoir patience ; j'espere que je ne me plaindrai pas toujours, & que je me verrai un jour près de vous le plus que je pourrai, & en état de vous y rendre mes devoirs, Madame ma très-honorée fœur, d'une très-humble, très-fidelle, & très-obéiſſante ſervante. *J. de Cardillac.*

Lettre de la même à la même: de la Martinique du 2 Juin 1646 (à ce que porte la copie que j'ai entre les mains; mais ſûrement il y a erreur.) Madame ma très-honorée fœur, je n'ai jamais parlé que des vantances du Sr. de Sanſac; & je n'en ai rien dit, ni écrit qu'à vous. Mais n'en parlons plus; & qu'il mange à ſon aiſe le bien des veuves & des orphelins. Je n'envierai jamais ſa condition, aimant beaucoup mieux, avec ma pauvreté, ſouffrir injuſtice, que de la faire ſouffrir. Le temps découvrira tout, & la providence de Dieu ne dort pas toujours; vous ſuppliant de croire, Madame ma fœur, que le changement de lieu, ni la longueur des temps, ne me fera point détourner de mes devoirs, tant qu'il plaira au Seigneur m'aſſiſter de ſes graces, & ne m'abandonner pas à un eſprit réprouvé. Je vous aſſure que pour le moins, le deſir des richeſſes de celui qui me perſécute, ne me tourmente nullement; & même, je ne me ſoucie guere d'avoir ce qui m'appartient légitimement, étant plus ſatisfaite & plus tranquille, que celui qui jouit tout à son aise de ce qui est à moi en bonne justice. J'ai appris que la main du Tout-Puissant l'a déja touché, ayant retiré sa femme; je le prie qu'il ne lui rende pas en l'autre monde ce qu'elle m'a prêté en celui-ci. Je crois, Madame ma sœur, que vous étiez en colere contre moi, lorsque vous avez écrit celle dont il vous a plu m'honorer, m'accusant de dire des injures. Certes, je n'en dis jamais à personnes, & ce seroit le mal entendre, que de s'adresser pour cela à une personne de votre singuliere vertu & exemplaire piété, & à qui j'ai tant d'obligations, comme le Sieur de Sansac pourroit témoigner, s'il vouloit, m'avoir ouï dire en justice, & pour les mêmes raisons, n'avoir jamais voulu consentir à ce qu'il desiroit de moi contre vous, Madame ma sœur. Les bienfaits, comme vous savez mieux que moi, ne sont jamais perdus, quand on les fait en charité; & quand j'aurois assez d'ingratitude pour oublier les bons offices que j'ai reçus de vous & de M. de Villette, votre digne moitié, ce qui ne m'arrivera pas, comme je crois, si est-ce que Dieu a bonne mémoire, si cela se pouvoit dire de la Divinité. En lisant votre lettre, il m'est venu en pensée, que quelqu'un comme votre frere m'a fait écrire ce à quoi je n'ai jamais pensé. Quand il l'auroit fait, cela ne seroit pas nouveau pour parvenir à quelque fin. Il m'a fait souvent ce petit jeu à Paris. Je ne vous parlerai point de lui, ni de sa conduite, crainte d'affliger derechef votre bon naturel en ce qui le concerne. Seulement ici dirai-je, que j'ai dessein d'envoyer votre neveu, le plus grand, en quelque garnison apprendre ses commencements : car il se perd ici, & perd son temps & sa santé, tant par le mauvais air, que par les mauvaises nourritures. Et pour le cadet, je le souhaiterois Page ; c'est un fort doux enfant : j'oserai dire cela pour lui. Et puisque leur pere ne daigne songer à eux, il faut que je leur serve des deux, de pere & de mere. Si vous me faisiez cette charité de jetter un peu les yeux en quelque lieu pour cela ; me le mandant, je l'enverrois aussi-tôt ; car je vois bien que je suis ici encore pour quelques années ; & je crains que leur santé s'altere si fort, qu'elle ne se puisse jamais remettre. Bignette prend la liberté de vous écrire, honteuse de ce qu'elle a oublié tout, & à cause de la grande chaleur du pays, & aussi des mauvaises nourritures. Je ne l'ose attacher beaucoup à cela ; elle n'a de joie, la pauvre enfant, que lorsqu'elle peut savoir de vos nouvelles, & est toujours en inquiétude pour votre cadette. J'aurois écrit à Mlle. de Villette, ma fille & vertueuse niece, sans la crainte de grossir trop le paquet; car l'honorant & estimant au point que je fais, j'aurois mille choses à lui demander. Je ferai ici mes très-humbles baise-mains à M. de Villette, mon très-honoré frere, & à toute votre chere, belle & honnête famille, pour laquelle je supplie tous les jours le Créateur, lequel je supplie aussi de tout mon cœur de m'ôter plutôt la vie, que la sensible mémoire des services qu'ils m'ont rendus.

Lettre de la famille Nesmond à Mr. George-Louis d'Aubigné D. M. héritier de Nathan d'Aubigné de Geneve : datée de Niort du 8 Mai 1667. Elle est signée de Nesmond de Sansac, qui avoit épousé Artemise de Caumont, fille d'Ade de Caumont & de Marie d'Aubigné, fille aînée de Théodore-Agrippa, d'Artemise de Nesmond, de Marie de Nesmond, de Louise-Charlotte de Nesmond, de Jean-Josué de Guillotau, de Pierre de Guillotau.

Lettre de Sansac de Nesmond à Mrs. d'Aubigné de Geneve : de Niort du 20 Août 1670 : sur la mort de leur pere : au nom de toute la famille de Surimeau, issue de Marie d'Aubigné & de M. de Caumont.

Il les prie instamment de lui envoyer le plan de Geneve.

Lettre de M. de Villette du 1 Janvier 1658 à Nathan d'Aubigné de la Fosse. Il déclame contre d'Ade de Sansac, qui venoit d'en imposer aux bonnes gens de Geneve, où il avoit séjourné un mois. Il écrit poliment, & paroît homme de lettres.

Autre lettre du même au même, sans date ni signature, qui contient le détail de plusieurs fripponneries de Sansac.

Lettre du même au même du 2 Avril 1658. Il dit que le Sr. de Sansac, son neveu, mari de sa niece, est de retour de Paris à Surimeau, aussi-bien que Mr. de Launay, mari de Louise de Caumont, fille de Marie d'Aubigné.

Lettre du 10 Mai 1658 au même. Sa femme est dans sa 66ᵉ. année, & lui dans sa 77ᵉ. Son fils, Mr. de Villette-Murçay, est toujours dans son poste de Brouage.

Lettre de Mr. de Villette de Murçay, (marié à la fille de Mr. le Moine, Lieutenant-Général de Chaumont) *à Mr. Nathan d'Aubigné ; du 18 Septembre 1658.* La maladie de son pere, qui ne sauroit écrire, l'obligeoit d'y suppléer. Sa mere aussi est fort languissante. De trois sœurs qu'il a, l'une est mariée il y a long-temps, & l'autre, depuis peu, au Lieutenant-Général de Niort. Pour lui, il part pour la Cour par ordre de M. le Cardinal, qui lui a promis un emploi, outre celui qu'il a à Brouage. Il le prie de l'instruire du sujet du voyage de Sanfac à Geneve.

Lettre du même au même : du 21 Oct. 1658. Il lui parle du chagrin qu'a causé à son pere le mariage de sa sœur avec un Papiste. Voyez *Mercure de France*, Novembre, 1742.

Lettre de M. de Villette le pere, à M. Nathan d'Aubigné : datée de Murçay, 24 Juin 1659. Il y parle de la Légende du bon Saint qui passe à Geneve pour un homme bien modéré, & par-tout ailleurs pour un affronteur avéré. Il dit que Me. de Launay, autrement Louise de Caumont, est accouchée d'un fils, par où s'évanouissent les espérances de d'Ade de Sanfac sur la terre de Surimeau. Il a marié sa troisieme fille à Mr. Dadouse, qui a fait cinq campagnes avec honneur.

Lettre du même au même du 19 Décembre 1659. Il lui fait des reproches obligeants sur son silence, & cite ce vers d'Ovide.

Res est solliciti plena timoris amor.

Lettre du même au même : de Murçay le 24 Février 1660. Il entre dans la 79ᵉ. année de son âge. Il le prie de lui envoyer une copie du testament de Théodore-Agrippa d'Aubigné. Le 26 Avril, il lui réitere la même demande. Sa femme, Louise d'Aubigné, l'en prie aussi par une apostille signée de sa main. Leur fils, Villette Murçay, lui fait la même priere.

Lettre du même au même : de Murçay le 16 Septembre 1660. Il l'appelle Mr. & vrai frere, & s'excuse ingénieusement de ce qu'il ne commence pas par Monsieur. Il traite d'Ade de Sansac de frippon & d'effronté.

Lettre du même au même, du 5 Février 1661. Il est dans la 80ᵉ. année de son âge. Il dit que le plus grand bien de sa maison est la persévérance à honorer la vertu, & *sur-tout la vôtre.*

Quelques lettres de Me. Scaron à M. de Villette son oncle, & à Me. de Villette sa tante, de l'an 1660. Dans l'une, elle demande son extrait baptistaire; dans l'autre, elle rend compte de diverses commissions: dans toutes elle témoigne une grande reconnoissance.

N°. III.

TESTAMENT (1)
D'AGRIPPA D'AUBIGNÉ.

1°. AU nom de Dieu. Je, Théodore Agrippa d'Aubigné, certain & par les octante ans où il a plu au Seigneur me conduire, averti que je suis proche de la mort : incertain de son heure, ne la desirant, ni ne la craignant : son nom & ses effets ne m'apportant que douces pensées : libre d'esprit & de corps, en mon secret, j'écris à ma postérité ce testament & titre authentique de ma derniere volonté, commandant à mes enfants qu'ils ayent mes derniers desirs pour regles des leurs ; qu'ils reconnoissent mon ordonnance pour loi naturelle, & leur pere pour légitime magistrat : priant aussi tous les Juges de favoriser de leur autorité l'équitable disposition de mes biens.

---

(1) Cette piece est du 4 Avril, vieux style. Me. de Maintenon la fit demander à Messieurs de Geneve quelque temps avant sa mort.

2°. Quand donc il plaira à Dieu d'appeller en son véritable repos mon ame, lassée de vains travaux, rassasiée & non ennuyée de vivre : s'il plaît à Dieu exaucer mon souhait de mourir à Geneve (1),

―――――――――――

(1) *Extrait de l'Histoire de Geneve, tome II, in-12, p.* 534.
Cette ville servit d'asyle au Sieur d'Aubigné, Gentilhomme François, lequel ayant mis son Histoire de France au jour, avoit si fort irrité le Roi, qu'il voulut le faire arrêter, outre qu'un sien fils, que les Jésuites avoient gagné, y contribuoit beaucoup. Mais lui, ayant pressenti ce qu'on lui préparoit, prit environ trente mille écus d'or, qu'il cacha dans les selles de ses chevaux, & se retira à Geneve environ l'an 1619. Il y fut reçu par la Seigneurie & par l'Eglise avec grand honneur; car on étoit informé de la vigueur qu'il avoit témoignée pour les Protestants dans leurs assemblées, & de sa capacité dans l'art militaire. Aussi, quand il s'agissoit de quelque fortification, en prenoit-on son avis. On dit qu'il savoit un secret de parler à un ami éloigné de lui de cent pas, sans que d'autres l'entendissent. Il mourut enfin âgé de 80 ans, & fut enterré au cloitre, où est une espece d'épitaphe ou testament à ses enfants, qu'il avoit lui-même dressé, en des termes Latins assez extraordinaires.

Remarque du dernier Editeur de l'Histoire de Geneve.

Avant que d'Aubigné se retirât à Geneve, il

Je laisse à ma femme & à mes alliés, à demander ma fosse, ou au cimetiere de

---

avoit déja fait paroitre son inclination pour cette ville, en écrivant au Conseil qu'il avoit dessein d'inférer dans son Histoire Universelle, qu'il devoit bientôt donner au public, les événements remarquables qui la concernoient, depuis le commencement de la guerre de 1589 jusqu'à la fin du siecle, & pendant les cinq premieres années du suivant, le priant pour cet effet de lui fournir les mémoires nécessaires. A quoi le Magistrat se porta volontiers, & chargea en même-temps le Ministre Simon Goulard d'y travailler. Ce qui fut exécuté. Le même d'Aubigné ayant fait pressentir le Magistrat en l'année 1620, (*cette date est fausse, puisque d'Aubigné arriva à Geneve en Avril* 1619) s'il seroit bien reçu dans Geneve, où il se proposoit de venir finir ses jours. On lui fit connoitre qu'on l'y recevroit avec honneur & beaucoup de plaisir. Peu de temps après qu'il fut arrivé, il acheta le Château & la Seigneurie du Crest, de laquelle s'étant chargé de payer le lod, le Magistrat l'en gratifia. Il se maria ensuite à une Dame de la ville, nommée *Renée Burlamachi*. Sur des avis qu'on eut que sa conduite étoit suspecte au Roi, le Magistrat l'en ayant averti, & d'Aubigné s'étant pleinement justifié, Anjornant, Député auprès de S. M. en 1625, leva ces préjugés : de sorte que d'Aubigné continua de vivre tranquillement dans Geneve, fort considéré de chacun jusqu'à sa mort, & fut universellement regretté. Il fut enseveli dans le cloitre de St. Pierre, & on lui fit dresser un monument qui fut détruit avec

St. Pierre, ou au commun de la Couleuvriniere. Mais fi j'ai une maifon de refte, de neuf que j'ai bâties, j'aurai pour agréable, qu'ils m'y conftruifent un fépulcre, qui ne furpaffe pas vingt-cinq écus d'or en dépenfe, & qu'ils y faffent graver l'infcription qui s'en fuit : D. O. M. &c.

3°. Je laiffe à mes enfants l'exemple de ma vie ; de laquelle ils ont pour livre domeftique le plus véritable & le plus exprès difcours que ma mémoire a pu fournir. Sur-tout je les exhorte à l'amour de Dieu, à être ardents, pathétiques & conftants en fa caufe, pour elle faire jonchée de la vie & des biens, affecter de perdre tout pour celui qui a tout donné, prodiguer leur vie pour la querelle du Prince de vie ; mais pour leurs inté-

---

une partie du cloitre en 1692, (*cette date eft fauffe, ce fut en* 1698) & enfuite rétabli & placé dans le Temple même, à main droite en entrant par la grande porte : *Par les foins de M. George-Louis d'Aubigné, frere de ma mere, qui me prit chez lui en Mai* 1624.

C'eft lui qui m'a foigné
Dans ma jeuneffe, & qui m'a enfeigné
A bien parler, & fur-tout à bien faire. *Pibr.*
G. L. L. P.

rêts ménager toutes ces choses comme j'ai fait. Et Dieu les délivrera & tirera leur vie des portes du bas tombeau de la mort, comme il m'a fait. Qu'ils soient tardifs à prêter serment pour n'en violer, ni seulement expliquer aucun, non plus que leur pere. Qu'ils gardent sur-tout celui du mariage, quand Dieu les y aura appellés, afin d'hériter de la rare bénédiction, de laquelle ils sont sortis, d'une mere sans reproches, honorée de tant de vertus, à laquelle j'ai gardé foi, loyauté & chasteté trois ans devant, & quatre ans après la durée de sa vie & du mariage, pouvant jurer ne l'avoir enfreinte, ni par desirs, ni par effet.

4°. Voilà pour les exemples à suivre. En voici à fuir. Car je viens maintenant à donner gloire à Dieu, par la confession de ma honte. C'est que quatre ans après mon veuvage, les vicieux desirs de maintenir ou croître sans trouble le bien de mes enfants, sur-tout de l'aîné que j'aimois outre mesure, m'empêcherent un second mariage, & me firent rechercher la compagnie de Jaqueline Chayer, laquelle, non sans longues suasions, eut de moi le 16 Janvier 1601, un fils, nourri à Nancrey en Gâtinois, baptisé en l'Eglise de Gergerau-sur-Loire : & je le fis nommer

Nathan, & lui donnai pour furnom Engibaud. Premiérement par le nom qui, retourné, fe trouve de même à retourner : le furnom auffi trouve celui du pere. En fecond lieu, j'ai voulu que ce nom me fût un Nathan, qui fignifie *donné*; & que le nom du cenfeur de David repréfentât mon ord péché aux yeux & aux oreilles inceffamment. Les miens remarqueront le foin & les dépenfes que j'ai apportées, pour éloigner de ma famille l'odeur de mon péché.

5º. J'avoue donc Nathan pour mon fils naturel. Il s'eft marié à une Dlle. Peliffari, le $\frac{15}{25}$ Juillet 1621. Je l'ai partagé felon fa condition. Au même temps que mon aîné s'eft rendu ennemi de Dieu & de fon pere, a renoncé & trahi l'un & l'autre, & a produit infinis exemples d'horreur, l'autre s'eft rendu recommandable par probité de vie & par doctrine non commune, m'a accompagné en mes périls contre l'autre. Je lui ai permis de porter pour lui & les fiens le nom d'Aubigné, & je veux que les miens autorifent cette bonne volonté.

6e. Premiérement, je déclare Conftans d'Aubigné, mon fils aîné & unique, pour le deftructeur du bien & honneur de la maifon, autant qu'en lui a été, & pour avoir mérité d'être entièrement déshérité pour plusieurs offenses énormes, particuliérement pour avoir été accusateur & calomniateur de son pere en crime de leze-Majesté : c'est pourquoi je le prive de tous mes meubles & acquets, de quelque qualité qu'ils soient.

7°. Toutefois, s'il se présente quelque enfant bien légitime de lui, à ces enfants & non à lui, je laisse la terre des Landes-Guinemer près de mer, qui est mon seul patrimoine.

Les articles suivants contiennent la disposition des biens du testateur, qui finit ainsi. . . . 33. Or à Dieu, qui ma sauvé de périls innombrables, des ennemis généraux & particuliers, de toutes sortes d'afflictions de corps & d'esprit, des mains longues des Princes : à Dieu qui a converti mes péchés en bien, quand ils ont changé mes services en crimes, & quand ils m'ont ôté honneur & biens, m'a élevé & donné de quoi & à qui pouvoir donner les fruits de sa bénédiction : à lui je tends les bras & consigne mon ame, qu'il a relevée de ses chûtes, fortifiée dans les persécutions, changeant ses terreurs en hautes espérances, & la gardant du précipice aussi chérement que la prunelle de l'œil, l'a conservée comme me sienne & pour soi. A lui seul, tout juste & tout-puissant, soit gloire & puissance, ès siecles à jamais. Fait, signé, & écrit de ma main. T. A. D'A. mort le $\frac{\text{29 Avril}}{\text{9 Mai}}$ 1630.

ÉPIGRAMME

Sur M. de CANDALE, *qui avoit changé de Religion pour plaire à la Duchesse de* ROHAN.

> Hé ! quoi donc, pauvre sibilot,
> Pour l'amour de Dame Lisette,
> Vous vous êtes fait Huguenot,
> A ce que nous dit la gazette !
> Sans ouir Anciens ni Pasteurs,
> Vous voilà donc enfin des nôtres,
> Oh ! oh ! nous en verrons bien d'autres,
> Puisque ses yeux sont nos Docteurs.

ÉPIGRAMME

Sur la Reine MARGUERITE *de Valois.*

> Commune à tous, Margot, tu communies
> Aussi souvent en amours qu'en hosties :
> Tu fais priere & crime en même lieu.
> Avide femme ! impur siecle où nous sommes,

Tome VI. C

Jamais Margot n'a pu se souler d'hommes !
Et Margot veut se souler de son Dieu !

N°. IV.

LA BELLE INDIENNE,

A LA JEUNE BELLE ET SPIRITUELLE MADAME SCARRON.

Galanterie (1).

LEs Soleils de l'Inde nouvelle
Ont produit la flamme immortelle
De ces deux astres glorieux,
Que l'Europe adore en vos yeux.
  Dans l'air épais que l'on respire,
Aux lieux dont Louis tient l'Empire,
Le Dieu du jour, en plein été,
A trop peu de vivacité
Pour allumer les étincelles
De ces deux brillantes prunelles,
Dont les éclairs bruns & charmants
Font de si clairs embrasements.

(*) Cette piece de la Menardiere est vraisemblablement de l'année 1654. Il y est parlé d'Arras, dont le Prince de Condé, alors au service des Espagnols, leva le siege le 25 Août. Me. Scarron avoit dix-neuf ans. La Ménardiere étoit Poitevin.

Même ces jeunes homicides
Ne tiennent point leurs traits perfides
Du terroir fécond en tabac,
Qui fait ses festins d'Orignac :
Ni le fleuve des Amazones
N'a point de ces rares personnes,
Qui, par un regard seulement,
Enflamment le bas élément.

 Ce feu, qui dans vos yeux pétille,
Vient de la nouvelle Castille,
Et de ces climats fortunés,
D'où sont dans l'Europe amenés,
Par leur aimable & doux zéphyre,
Les métaux pour qui l'on soupire.

 L'Astre, dont les derniers efforts
En cette Inde font les trésors,
Sur votre œil encore fort tendre,
Les mêmes rayons sut répandre,
Dont il produit en ces beaux lieux
Cent autres objets précieux.
Mais, quelque éloge que l'on donne
A l'éclat qui les environne,
Et même aux plus luisants éclairs,
Vos yeux sont mille fois plus clairs.

 Les feux qui, sortant d'un lieu sombre,
S'échappent au travers de l'ombre,
Et vainqueurs de l'obscurité,
Semblent recueillir leur clarté,

Pour lancer dans notre paupiere
De plus beaux filets de lumiere,
Ces rayons pénétrants & doux,
Et ceux de ces riches cailloux
Qui font tant vanter l'Amérique,
N'ont point de flamme qui nous pique,
Au prix du brillant gracieux
Qui part du fond brun de vos yeux.
Et vos yeux d'un tel avantage,
Jusqu'ici méprisent l'usage !
La France, où mille autres beautés
Donnoient la chasse aux libertés,
Se passoit bien qu'au nouveau Monde
Votre enfance qui naquit blonde,
Allât puiser ces sombres feux,
Qui font cent meurtres amoureux;
Et qu'un changement si terrible,
Appuyant cette ame insensible,
Qui garde si bien les trésors
Que l'on admire en votre corps,
D'intelligence avec l'Espagne,
Nous mit tant d'attraits en campagne,
Tant d'appas dans la France nés,
Mais, non sans raison, soupçonnés
D'avoir fait aux terres nouvelles
Cet amas de clartés mortelles,
Dont on craint plus les mouvements
Que ceux d'Espagne & des Flamands.

Certes, en bonne politique,
Ces gens, qui, pour la République,
Dans nos Conseils font écoutés,
Doivent dire à Leurs Majestés,
Qu'au Mexique il est bon de rendre
Ces feux que vous y fûtes prendre,
Ces vifs & flamboyants éclairs,
Qui tout embrasent dans les airs.

Aussi-bien le Roi Catholique
Contre nous hautement s'explique ;
Disant qu'on retient en ces lieux
Ses plus grands tréfors dans vos yeux,
Et que pour les rendre à sa terre,
Il nous feroit trente ans la guerre :
Que pour s'exempter d'embarras,
Pour Perpignan, & pour Arras,
Il trouve bon qu'on les retienne,
Mais qu'il veut la belle Indienne :
Du moins cent joyaux signalés,
Que dans son Inde elle a volés,
Un air, un esprit, une grace,
Qui charme tout & tout surpasse.
Bref, qu'il ne cede pas ainsi
Plus vaillant que son Potosi,
Et plus que la mine féconde
Où l'or incessamment abonde.

Mais (n'en déplaise à ce grand Roi !)
Il vous veut, & ne sait pourquoi.

Condé, ce démon de la guerre,
Et le fier patron d'Angleterre,
Dont il attend de si grands coups,
Sont moins redoutables que vous.
Mais, tant pis pour lui, s'il s'abuse :
Tant pis pour nous, si l'on refuse
De lui donner, en vous rendant,
De quoi perdre son Occident.

Car à qui ne sera funeste
L'aspect d'un jeune Astre céleste,
Qui, pareil aux Soleils de Mars,
En émouvant de toutes parts,
Est incapable de résoudre ?
Je le craindrois comme la foudre ;
Et loin de plaider pour l'avoir,
Je fuirois de tout mon pouvoir
Ces yeux qui ne tâchent de plaire
Que dans le dessein de mal faire,
Ces yeux, ennemis de la paix,
Qu'avec eux on n'aura jamais.

Quant à moi, je me persuade
Que ce rare & plaisant malade,
Votre fameux & cher époux,
Se passera fort bien de vous.
En effet, qu'en voudroit-il faire,
Lui, qui de cent maux tributaire,
Est d'ailleurs d'un tempérament
Qui prend feu si facilement?

Et pour lui faire voir, la Belle,
Combien votre approche est mortelle,
Je connois des gens à la Cour,
Qui, pour avoir vu certain jour
Seulement votre gorge nue,
En ont la fievre continue :
Quel devroit être leur tourment,
S'ils vous voyoient à tout moment ?

 Ainsi, pour la paix des Couronnes,
(Sans compter vingt mille personnes,
A qui vous donnez le trépas,)
Je suis d'avis que vos appas,
Rembarqués sur l'onde Atlantique,
Soient renvoyés en Amérique.
Quelque mal qu'elle ait à souffrir,
Et quand elle en devroit périr,
Au moins elle aura l'avantage
De voir son plus charmant ouvrage,
Et d'avoir nom dorénavant
Le climat du Soleil levant.

Peut-être verra-t-on ici avec plaisir un sonnet de Chevreau, Précepteur de M. le Duc du Maine, sur des rimes données par le Duc de St. Aignan, à la louange de Mlle. de Lenclos. Ce sera un supplément aux deux vies de cette fille célebre.

 Depuis le siecle de *Pepin*
 Jusques à celui de la *Fronde*,

On n'a rien vu de si *poupin*
Que cette belle vag*abonde*.

Elle est aussi droite qu'un *pin*,
Plus pénétrante qu'une *sonde*,
Plus savante qu'un *Calepin*,
Et va la nuit comme une *ronde*.

Elle est douce comme un *mouton*,
Dort l'hyver en draps de *coton*,
Fixe au Marais son *habitacle*.

Se contente au soir d'un *poulet*,
Touche le luth, parle en *oracle*,
Et siffle comme un *flageolet*.

N°. V.

EXTRAITS

Concernant CHARLES D'AUBIGNÉ.

Lettres de bénéfice d'âge, obtenues par Charles d'Aubigné, Ecuyer, Seigneur de Surimeau, âgé de vingt ans, Enseigne dans le Régiment de M. le Cardinal Mazarin, & fils de Messire Constans d'Aubigné, Chevalier, Seigneur de Surimeau, & de Dame Jeanne de Cardillac sa femme. Ces lettres sont du 27

Février de l'an 1655, signées par le Conseil de Blois, & scellées. *Il faut que ces lettres ayent été accordées sur un faux exposé. Car Charles d'Aubigné, aîné de Me. de Maintenon, née en 1635, avoit au moins 21 ans en 1655.*

Commission donnée par le Roi au Sr. d'Aubigné, Capitaine dans le Régiment Royal de Cavalerie, pour commander dans Amersfort en qualité de Gouverneur de cette place. Ces lettres du 14 Octobre 1671, *signées* LOUIS, *& contresignées* LE TELLIER, *& scellées.*

Brevet de Gouverneur d'Elbourg en Hollande, du 28 Avril 1673.

Ordre pour commander à Betfort en Alsace, du 15 Mars 1674.

Provisions du Gouvernement de la Ville & du Château de Coignac en Saintonge, vacant par la mort du Comte de Jouffac, donné par le Roi au Sr. d'Aubigné le 26 Février 1677. Ces lettres, *signées* LOUIS, *contresignées* ARNAUD, *& scellées.*

Contrat de mariage de Messire Charles d'Aubigné, Chevalier, Gouverneur de la Ville & du Château de Coignac, fils de Messire Constans d'Aubigné, Chevalier, Baron de Surimeau, & de Dame Jeanne de Cardillac, avec Damoiselle Geneviéve Pietre, fille de Siméon Pietre,

Conseiller du Roi en ses Conseils, Procureur de Sa Majesté & de la Ville de Paris, & de Dame Marguerite le Clerc de Château du Bois. Ce Contrat, du 8 Février 1678, reçu par Desnots, Notaire au Châtelet de Paris. *De ce mariage sortit Amable d'Aubigné, mariée au Comte d'Ayen, depuis Maréchal Duc de Noailles, mere de M. le Duc d'Ayen, & de M. le Comte de Noailles, de Me. la Princesse d'Armagnac, de Me. la Duchesse de Villars, de Me. de Beaumanoir, & de Me. la Comtesse de la Marck, tous actuellement vivants. Me. la Comtesse d'Aubigné mourut en 1742, & Me. la Maréchale de Noailles en 1739, de la petite-vérole.*

Brevet d'une pension de 24000 livres donnée par le Roi au Marquis d'Aubigné, le 16 de Février de l'an 1688. Ce brevet, *signé* LOUIS, *& contresigné* COLBERT.

Provisions de la Charge de Capitaine, de Viguier, & de Gouverneur de la Ville & Viguerie d'Aigues-Mortes, & de la tour de Carbonnieres, vacante par la mort du Marquis de Vardes, données par le Roi au Comte d'Aubigné en considération des services qu'il avoit rendus à S. M. depuis plusieurs années. Ces lettres, du 4 de Septembre 1688, *signées* LOUIS, *& sur le repli, par le Roi,* PHELIPPEAUX, *& scellées. Ce Marquis de Vardes, complice* *de la lâche intrigue qui fit chasser le Duc & la Duchesse de Navailles, étoit devenu dans son exil en Languedoc, si Philosophe, si vertueux, si savant, que le Roi lui destinoit la place de Gouverneur de M. le Duc de Bourgogne.*

Titres que produit, pour la preuve de sa noblesse, haut & puissant Seigneur Messire Charles d'Aubigné, Gouverneur d'Aigues-Mortes, & nommé par le Roi pour être l'un des Chevaliers & Commandeurs de ses Ordres, devant M. le Duc de St. Simon, & M. le Comte de Beringhen, Commandeurs des mêmes Ordres, & Commissaires députés pour la vérification de cette preuve, par lettres du 12 Décembre 1688, lesquels donnent leur témoignage en ces termes : » Nous Claude
» de St. Simon, Duc de St. Simon, Pair
» de France, Vidame de Chartres, Sei-
» gneur de Vaux, &c., Conseiller du
» Roi en ses Conseils, Commandeur de
» ses Ordres, & Gouverneur de Blaye :
» Nous Henri de Beringhen, Comte de
» Châteauneuf, Conseiller du Roi en ses
» Conseils, Commissaire de ses Ordres,
» premier Ecuyer de S. M., & Gouver-
» neur des Citadelles de Marseille, certi-
» fions au Roi Chef & Souverain Grand-
» Maître de l'Ordre de St. Michel, & de

» la Milice du St. Esprit, qu'en exécu-
» tion de la commission qui nous a été
» adressée pour la vérification des preu-
» ves de la noblesse de Messire Charles
» d'Aubigné, Comte d'Aubigné, nommé,
» &c. nous avons trouvé qu'elle est des
» plus considérables de la Province d'An-
» jou pour l'ancienneté de son origine,
» & qu'il a la condition nécessaire pour
» être associé aux Ordres de S. M. " *Cette généalogie est très-mal dressée : & un coup d'œil en eût montré les défauts aux Commissaires. C'est l'ouvrage du Généalogiste du Roi d'Angleterre, & un plagiat grossier de la généalogie de Mrs. d'Aubigné de Tigny. Aussi Mr. d'Hosier dit-il à quelqu'un qui lui montroit cette piece :* Cachez-la : elle prouve plutôt que Me. de Maintenon ne descend pas des d'Aubigné d'Anjou, qu'elle ne prouve qu'elle en descend. *Mais ce recueil, tout mal fait qu'il est, administre un acte qui ne permet plus d'en douter. Voyez dans le Mercure de France, mois de Septembre* 1688, *une généalogie de Charles d'Aubigné, où il y a presque autant de fautes que de mots. La filiation des d'Aubigné d'Anjou y est très-mal prouvée ; & rien ne montre mieux l'indifférence de Me. de Maintenon sur sa noblesse. Il y a une faute assez grossiere dans les Mémoires de son grand-*

pere. Il dit qu'il est né le premier Février 1550, & le contrat de mariage de son pere Jean est daté du 2 Juin 1550. Il est évident qu'il faut lire, dans les Mémoires, 1551. On ne peut le supposer né d'un concubinage, attendu que sa mere mourut de sa premiere couche. Il naquit à sept mois; & de-là, le surnom d'Agrippa. Corrigez cette faute à la page 8 du I vol. de ces Mémoires.

Réception de Charles d'Aubigné dans l'Ordre du St. Esprit, le 20 Janv. 1689.

Provisions du Gouvernement de la Province de Berry en 1691. (1)

Remarque qui nous a été communiquée par Mr. Bietrix, Chanoine de Poligny.

„ (1) Je crois devoir vous faire une observa-
„ tion sur une faute de Chronologie, dans la-
„ quelle est tombé Mr. de la Beaumelle, en
„ voulant faire une correction à la date de la
„ naissance de Théodore-Agrippa d'Aubigné, ou
„ du mariage de son pere, sur ce que, par les
„ Actes qu'il rapporte, *Tom. VI, p. 5 & suiv.*, ce
„ d'Aubigné étoit né au mois de Février 1549 ou
„ 1550, & le contrat de mariage de son pere se
„ trouve du mois de Juin de la même année.
„ L'Auteur n'a pas fait attention que l'année
„ commençoit encore alors au mois de Mars,
„ & que d'un mariage célébré en Juin, il en
„ pouvoit naitre un enfant très-légitime en Fé-
„ vrier de la même année."

Nº. VI.

Brevet de Dame d'Atour.

Aujourd'hui huitieme jour du mois de Janvier, mil six cent quatre-vingt, le Roi étant à St. Germain-en-Laye, voulant former la maison de Me. la Dauphine, & remplir les principales charges de personnes dont le mérite lui soit connu, & qui ayent toutes les qualités nécessaires pour s'acquitter dignement des fonctions qui approchent le plus près d'une Princesse qui lui doit être si chere, Sa Majesté a cru ne pouvoir jetter les yeux sur une personne plus digne de remplir la charge de seconde Dame d'atour, que la Dame Françoise d'Aubigné, Marquise de Maintenon, dont la bonne conduite & les autres qualités lui sont connues. C'est pourquoi Sa Majesté l'a aujourd'hui retenue & retient en l'état & charge de seconde Dame d'atour de Madame la Dauphine, pour par ladite Dame Marquise de Maintenon, après qu'elle aura prêté le serment en tel cas requis entre les mains de Madame la Dauphine, la servir en ladite charge, &

faire toutes les fonctions de Dame d'Atour en l'abſence de Dame Maréchale de Rochefort, en jouir & uſer aux honneurs, autorités, prérogatives, prééminences, privileges, franchiſes, libertés, & exemptions, & appartenances : & aux gages, penſions & autre droit qui feront réglés par S. M. voulant qu'elle ſoit payée deſdits gages, état & penſions par le Tréſorier-général de la maiſon de Madame la Dauphine, ſur ſes ſimples quittances, en vertu du préſent Brevet qu'elle a ſigné de ſa main, & fait contreſigner par moi Conſeiller Secretaire d'Etat & de ſes Commandements & finances. *Signé* LOUIS, COLBERT.

Contrat d'achat de la Châtellenie de Maintenon, du 27 Décembre 1674.

Brevet de 9000 livres de penſion du 26 Août 1691.

Nº. VII.

NOELS, 1684.

O Meſſager fidele,
Qui reviens de la Cour!
Apprends-nous des nouvelles;
Qu'y fait-on chaque jour?

Chacun à l'ordinaire
Y passe mal son temps :
Les Gens du Ministere
Y sont les seuls contents.

Que fait le grand Alcandre
Au milieu de la paix ?
N'a-t-il plus le cœur tendre ?
N'aimera-t-il jamais ?
L'on ne sait plus qu'en dire,
Ou l'on n'ose en parler :
Si son grand cœur soupire,
Il sait dissimuler.

Passeroit-il sa vie
Sans . . . . . .
Est-ce qu'il sacrifie
A l'autel de Scarron ?
Si nous voulons l'en croire,
Il est pris par l'esprit :
Il y fait son Histoire :
Mais sa plume . . . .

Sa superbe maitresse,
En est-elle d'accord ?
Voit-elle sans tristesse
La rigueur de son sort ?
L'on dit qu'elle en murmure,
Et que sans ses enfants,

Elle feroit figure
Avec les mécontents.

Que fait dans son bel âge
Monseigneur le Dauphin?
Est-il toujours si sage,
Dort-il tout le matin?
Il n'aime que la chasse:
Elle lui coûte peu:
Quand ce plaisir le lasse,
Il revient à son feu.

Notre seche Dauphine
A-t-elle du crédit?
Toujours triste & chagrine
Meurt-elle de dépit?
Toujours elle s'ennuye:
Quand on la pousse à bout,
Elle lit, joue, & prie,
Mais trop mal . . . . . .

La divine Princesse,
La charmante Conti,
A-t-elle la tendresse
Toujours de son parti?
Elle en a de son pere,
Et peu de son époux:
Mais pour Monsieur son frere
Il en a pour eux tous.

La Princesse de Nantes
Fait-elle du fracas ?
Est-elle bien contente
De ses naissants appas?
Elle a sujet de l'être,
Si le Duc de Bourbon
Qui commence à paroître,
Lui fait changer de nom.

Du Colonel des Suisses
Ne nous direz-vous rien?
Fait-il ses exercices?
Y réussit-il bien ?
Il a beaucoup d'adresse,
Grand esprit, & grand cœur;
Fierté, beauté, jeunesse,
Et de la belle humeur, &c.

BOUQUET

de Me. d'Heudicourt à Me. de Maintenon.

Que puis-je vous offrir au jour de votre fête,
    Que des vœux, des remerciments ?
Vous qui des malheureux recevez la requête
    Avec de tendres mouvements !
Vous qui les consolez dans leurs cruels tourments!
Vous, qu'à faire le bien on trouve toujours
    prête,
Et qui, par vos bontés & par vos agréments,

Des gens que vous aimez rendez les jours char-
    mants!
Puissiez-vous en repos, pendant vingt ou trente
    ans,
Conserver votre cœur & votre bonne tête,
Et ne changer pour moi jamais de sentiments!

VERS

A MADAME DE MAINTENON.

  L'Amour, non ce cruel enfant
  Qui trouble la nature entiere,
  Mais ce Dieu modeste & charmant
Qui sait polir nos mœurs & dompter la plus fiere,
Las de vaincre toujours sans combattre jamais,
Après bien des essais va trouver la nature:
Ne pourriez-vous, dit-il, faire une créature
Forte de cent vertus, belle de mille attraits:
  Qu'elle ait talents, graces, noblesse,
L'esprit plein d'agréments & l'humeur sans rudesse;
  Qu'elle soit digne de mes traits?
  Ainsi fut dit, ainsi fut fait:
Et d'Aubigné naquit. L'indulgente nature
  Paîtrit l'argille la plus pure ;
L'ame fut sans défaut, & l'étui fut parfait:
L'Amour en la voyant parut fort en colere:
Admirant ses yeux noirs, il dit avec douleur,
Pourquoi la faites-vous ressembler à ma mere?
Ah! donnez-lui du moins un peu de son humeur.

Je voulois une femme & non une héroïne :
   Jamais si grand cœur ne brûla.
   Voyez cet œil qui m'assassine :
   On ne fait rien de ces cœurs-là.

L'honneur lui répondit : Loin d'ici, téméraire!
N'insulte point un cœur où je regne à mon tour;
Avec elle jamais tu n'auras rien à faire.
D'Aubigné m'appartient. Tu la verras un jour
Estimée à la Ville, adorée à la Cour,
   T'offenser, te braver & plaire.
Vainement tu voudras, par un triste retour,
A force de malheurs séduire sa jeunesse,
Elle saura donner, fidelle à la sagesse,
   Tout à l'honneur, rien à l'amour.
Qu'elle soit, dit le Dieu, toujours prude & cruelle!
   Elle ose en vain me dédaigner :
   Sur elle je ne puis régner :
   Hé bien! je régnerai par elle.

SONNET (1).

C'est Madame de Maintenon qui parle.

Dieu! quels sont tes secrets! & que ta main puissante

(*) On prétend que le Comte Antoine Hamilton est Auteur de ce sonnet. Il est inutile d'observer que Me de Maintenon y est accusée de vice avant

Fait succéder de gloire à de foibles travaux !
Je naquis Demoiselle, & je devins servante :
J'écurai la marmite, & frottai les carreaux.

---

l'âge de quinze ans, & que son insensible éléva‑
tion y est présentée comme l'effet d'un amour su‑
bit : ce qui prouve que l'Auteur ne l'avoit connue
ni dans le commencement ni dans le milieu de sa
vie. Me. de Maintenon recevoit par la poste au‑
tant d'injures que de complimens. Quoiqu'elle y
fût plus sensible qu'il n'est permis à une grande
ame de l'être, jamais elle ne punit les satyriques,
jamais elle ne récompensa ses flatteurs. Voici ce
que lui écrivoit son Directeur. *La lettre anonyme,
Madame, est d'un forcené, qui croit pouvoir vous in‑
sulter à la faveur du masque dont il se couvre. Le pau‑
vre malheureux est bien à plaindre dans sa fureur, de
s'attaquer à la mere commune des infortunés, qui fait
tout le bien qu'elle peut, & qui souffre jusqu'à en avoir
la fievre de tous les maux qu'elle voit & qu'elle ne peut
empêcher. J'approuve néanmoins, Madame, l'usage que
vous faites de cet écrit sans nom. Ceux qui louent, sont
aussi vains que ceux qui blâment : ils cachent dans leur
cœur autant de bassesse, que les autres montrent de ma‑
lignité. Et tel qui vous encense du matin au soir, vous
écriroit des outrages, s'il espéroit que le masque pût le
couvrir. Mais ce n'est ni sur les satyres ni sur les louan‑
ges que l'on juge les hommes. Nous sommes ce que
nous sommes devant Dieu, dit l'Imitation. Je crois,
Madame, que par là vous avez à vous consoler des in‑
justices de quelques particuliers, & que l'humble confiance
en la bonté de Dieu, qui vous chérit jusqu'à vous met‑
tre, comme je le crois, au nombre de ses bien-aimées &
de ses favorites, vous dédommagera abondamment. Le
salut éternel qui vous attend, sera le terme de tant de fa‑
veurs reçues de la part de Dieu, quoique peu méritées de
la vôtre. Et tant de preuves certaines de sa miséricorde*

Je me fis des amants & ne fut point ingrate:
Je me suis mille fois livrée à leurs transports:

J'épousai de leurs mains ce fameux cul-de-jatte
Qui vivoit de ses vers comme moi de mon corps.

Le bon homme mourut; & sa veuve éperdue,
Sans parents, sans amis, erroit de rue en rue.
Mon Roi me vit, me crut encore propre aux plaisirs.

Il m'aima follement. Je fis la Magdelaine:
Je lui parlai du diable en ses brûlants desirs:
Il eut peur de l'enfer, le lâche! & je fus Reine.

ÉPIGRAMME. (1)

Dans ce combat, où deux Prélats de France
Semblent chercher la vérité,

---

doivent vous remplir de reconnoissance & d'amour, pour tout souffrir pour lui. Ce qui suit, est de Me. de Maintenon. Que ne vous dois-je pas, ô mon Dieu! sur l'article de mes ennemis? Vous m'avez fait la grace non-seulement de ne les pas haïr, mais même de les aimer & de leur vouloir du bien. Vous m'ordonnez de prier pour eux : je vous demande, mon Dieu, de souffrir patiemment leur haine, leurs médisances, leurs calomnies, leurs injures. Faites-moi la grace de ne leur en donner jamais aucun sujet. Donnez-moi cette joie, & ce transport, que nous demande l'Evangile, lorsqu'on nous hait & qu'on nous persécute pour la justice. Donnez à ceux qui écrivent des malédictions, de vous bénir & d'aimer leurs freres : & conservez-nous dans cette parfaite union que vous avez demandée pour nous, lorsque vous étiez sur la Croix.

(1) Racine rima le bon mot du Pape. Voyez T. IV, Liv. du Quiétisme.

L'un dit qu'on détruit l'espérance,
L'autre que c'est la charité.
C'est la foi qui se perd, & personne n'y pense.

ÉPIGRAMME.

Cette fameuse banqueroute
Que fit Louis dans sa déroute,
Remplit bien la barque à Caron.
Il est si gueux dans son vieux âge,
Qu'on craint que la veuve Scarron
N'ait fait un mauvais mariage.

COUPLET.

Que diroit le pauvre bossu,
S'il se voyoit faire cocu
Par ce Roi fier, rival du Maître du tonnerre ?
Il diroit que ce Conquérant
N'est jamais content
S'il ne prend
Les restes de la terre.

ÉPIGRAMME.

On dit qu'autrefois Mazarin. . . . .

Le reste est horrible, & ne peut ni s'écrire ni se penser.

ÉPIGRAMME.

Trois frippons trop à leur aise
Ont perdu cet Univers;
L'un est le Pere Peters,
L'autre le Pere la Chaise;
Le troisieme est Innocent
Le bon ami de Guillaume.
Jacque en est pour son Royaume,
Et Louis pour son argent.

ÉPIGRAMME.

Quand je veux rimer à Guillaume,
Je trouve aussi-tôt un Royaume
Qu'il a su mettre sous ses Loix :
Mais quand je veux rimer à Jacques,
J'ai beau rêver, mordre mes doigts,
Je trouve qu'il a fait ses Pâques.

ÉPITRE

A Madame de Maintenon.

Toi, dont la piété, la vertu, la sagesse,
Sont les fruits d'un esprit & d'un cœur sans foi-
    blesse,
Que sans étonnement on ne peut regarder :
Toi, que le Ciel conduit & traite en favorite,
Maintenon, pour qui vient de se raccommoder,
  La fortune avec le mérite;
                   Daigne,

Daigne, par tes divins regards,
　Rassurer mon ame éperdue.
La carriere où je cours, ne présente à ma vue
　Que des périls de toutes parts.

Combien de beaux esprits entendons-nous se plaindre
De n'avoir encor pu, malgré tout leur savoir,
Arriver à ce but où je voudrois atteindre?
　Mais cependant qu'aurois-je à craindre,
　Si tu soutenois mon espoir?

N'es-tu pas en ces lieux l'arbitre souveraine
　De la gloire où nous aspirons?
Hélas! sans ton aveu, follement nous courons
　Après cette chimere vaine.

　Ainsi Rome vit autrefois,
Un de ses citoyens sorti du sang des Rois,
Sous un Prince moins grand, moins aimé, moins habile,
　Que le Héros dont nous suivons les loix,
Décider des chansons d'Horace & de Virgile.
Mais tandis que Mécene étoit leur ferme appui,
Son esprit vaste & fort, à tout pouvant suffire,
N'en soutenoit pas moins le fardeau de l'Empire:
Il partageoit d'Auguste & la joie & l'ennui.
　Encor que le Ciel t'ait fait naitre
　D'un sexe moins parfait peut-être,

Tome VI.　　　　　　　　D

Il t'a fait un destin plus beau, plus grand qu'à
    lui.
  La plus entiere confiance,
  Louis ne l'a-t-il pas en toi?
  Par ce qu'il commet à ta foi
N'a-t-il pas raccourci l'effroyable distance
  Que met la suprême puissance
  Entre une sujette & son Roi?
Mais, par le vif éclat des vertus les plus pures,
Tu brilles plus encor que par tant de gran-
    deurs,
  Et tu n'as point ces fiertés dures
Qui font aux malheureux sentir tous les mal-
    heurs.
Tes soins ont prévenu les tristes aventures
Où l'extrême besoin jette les jeunes cœurs.
Ah! que ces soins pieux chez les races futures
  T'attireront d'adorateurs!
Contre la cruauté des fieres destinées,
  Ils donnent, ces soins généreux,
Un asyle sacré, vaste, durable, heureux,
  A d'illustres infortunées.
Quelle gloire pour toi, modeste Maintenon,
Dans un si beau dessein, d'avoir servi de guide
A ce grand Roi qui vient d'éternifer son nom
  Par une piéé solide!
Souvent cette vertu n'est pas avec ses sœurs,
Elle fuit de la Cour la pompe & les douceurs;

Mais son fameux exemple aujourd'hui l'y rappelle.
La naissance, l'esprit & la valeur sans elle
 Ne conduisent plus aux honneurs.
Maintenon, dans ces vers, c'est mon cœur qui s'explique.
 A tes grands destins j'applaudis;
Loin de savoir flatter, apprends que je me pique
 De cette candeur héroïque
Qu'au nombre des vertus on recevoit jadis.
Triste jouet du sort, mais désintéressée,
Par un sordide espoir je ne suis point poussée,
Et je t'admire enfin, puisque je te le dis.
Non, depuis que des Dieux je parle le langage,
Je n'ai point, on le sait, prodigué mon encens :
Je n'avois avant toi jamais rendu d'hommage
 Qu'à Louis seul, pour qui je sens
 Toute la tendresse où s'engage
 Un cœur respectueux & sage,
Qui s'est mis au-dessus du commerce des sens;
Goûte donc un plaisir que ne connoît personne,
 Hors le Héros que je chéris.
 Les louanges sont d'un grand prix
 Lorsque c'est le cœur qui les donne.

N°. VIII.

Avis de M. DE CHARTRES *à* Me. DE MAINTENON, *sur le devoir conjugal.*

Aimez le Roi d'une très-grande charité ; soyez-lui soumise comme l'étoit Sara, qui obéissoit à Abraham. ...

Respectez-le du fond du cœur ; & ne l'appellez pas seulement votre Seigneur, mais regardez-le comme tel, dans l'ordre de Dieu. ...

Il est vrai, Madame, que votre état est une énigme ; mais c'est Dieu qui l'a fait ; il est si singulier, que vous ne l'auriez pas choisi, pas même imaginé. Il ne faut pas s'étonner, s'il vous a caché des secrets que vous ne connoissez qu'à mesure qu'il se découvre à vous : il en cache aussi-bien au Public, qui le surprendroient, si vous les lui disiez comme à moi. C'est le mystere de Dieu ; il faut l'adorer dans ses voies de sanctification.

Il a fallu que vous fussiez élevée, aimée, considérée, & dans un état puissant, afin de sanctifier ceux pour qui vous êtes...

Vous êtes à la place des Reines, & vous

n'avez pas plus de liberté qu'une petite bourgeoise....

Communiez extraordinairement pour le Roi & pour vous ; offrez-vous à tout, & à Dieu & au Roi, pour l'amour de Dieu, qui vous a choisie pour sa consolation, & pour lui obéir....

Dieu vouloit une ame fidelle, fervente, & toute dévouée à son service auprès du Roi, qui fît connoître son nom aux Princes, & qui procurât sa gloire, dans les lieux où la gloire de ce monde fait tant d'idolâtres. Tenez-vous donc-là, Madame, par soumission ; il faut demeurer en contrainte dans une chambre, pour y procurer aux autres la liberté des enfants de Dieu ; il faut y attendre en foi le succès de sa mission....

Il ne faut pas que nous cessions d'être bons, parce que le monde est mauvais ; il sera fâché de votre régularité ; ce n'est pas à lui à qui vous voulez plaire ; le Roi n'en est pas blessé ; cela vous suffit...

Dieu met entre vos mains les intérêts de l'Etat, le salut d'un grand Roi, qui tient à tout, celui des Princes qui doivent régner après lui....

Tenez-vous, Madame, sous le joug de l'obéissance. Vous la devez au Roi ; vous la devez aux Ministres de J. C. auxquels

D iij

la providence vous a foumife pour le falut & la garde de votre ame. Soyez-leur foumife; au premier, comme à votre maître & à votre chef; aux feconds, comme à vos guides...

Le Roi regarde encore trop la vertu & la perfection de fon état, par ce qu'il y a d'auftere & de rebutant à la nature. Quand il verra la perfonne qu'il aime & qu'il eftime le plus dans une joie & une liberté d'efprit continuelle, dans une continuelle innocence, & dans un amour ardent des bonnes œuvres, Dieu lui fera la grace d'afpirer au même bonheur. La femme fidelle fanctifie l'homme infidele, dit St. Paul; combien plus, le mari Chrétien?

Pourquoi êtes-vous à la Cour, au faîte où vous êtes? Pourquoi tant de dégoût du monde, & tant de goût pour Dieu? Pourquoi tant de defirs d'une vie parfaitement Chrétienne? Pourquoi le Prince amufé innocemment, & comme lié par la main de Dieu? C'eft qu'il le veut hors des pieges du Diable. Il veut le déprendre, & enfuite le fanctifier. *Il le lie, & il vous lie;* car c'eft par vous qu'il veut le fanctifier. S'il vous échappoit, & fi vous lui échappiez, fon deffein ne s'accompliroit pas. Vous êtes fon afyle, fouvenez-vous-en ; votre chambre est l'Eglise domestique où Dieu l'y retire....

Sainte Monique pleura long-temps les égarements de St. Augustin, dont elle obtint enfin la conversion. Il a fait la joie & la gloire de l'Eglise par la sainteté de sa vie, & par la perfection de sa charité. Je ne puis croire, Madame, qu'un homme de tant de prieres, à qui Dieu a donné une amie si fidelle & si chrétienne, comme par un miracle, ne devienne à la fin un homme nouveau. Vous devez lui obéir, l'aimer, le respecter, & le regarder comme votre Seigneur & votre Maître.

Et votre société, que Dieu a formée par un miracle, & qu'il cimente & affermit tous les jours de plus en plus, pour le bien de celui auquel vous êtes envoyée, le préservera de la mort, où il seroit peut-être tombé sans vous, au grand préjudice de la Religion & de l'Etat....

Après ma mort, vous choisirez un Directeur, auquel vous donnerez vos redditions. Vous lui montrerez les écrits qu'on vous a donnés, votre conduite. *Vous lui direz vos liens....*

Je prie, pour ma chere fille, plus instamment que jamais ; je demande à Dieu qu'elle ne succombe pas en ces occasions pénibles, qu'elle m'a marquées dans une

D iv

de ſes redditions. C'eſt une grande pureté, de préſerver celui qui lui eſt confié des impuretés & des ſcandales où il pourroit tomber. C'eſt en même-temps un acte de patience, de ſoumiſſion, de juſtice & de charité.... Je regarde comme une merveille de la grace, que Dieu lui ait donné l'amour de la vertu des épouſes de Jeſus-Chriſt, dont elle devoit être la mere. J'eſpere qu'elle participera à leurs prérogatives, à cauſe de la préparation de ſon cœur. Il faut cependant, malgré cette inclination, rentrer dans la ſujétion que ſa vocation lui preſcrit. Il faut ſervir d'aſyle à une ame foible, qui ſe perdroit ſans cela. Il faut qu'elle lui aide à marcher comme Eliſabeth & Zacharie, dans toutes les juſtifications du Seigneur. Quelle grace d'être l'inſtrument des conſeils de Dieu, & de faire par pure vertu, ce que font tant d'autres ſans mérite, ou par paſſion! Une ame juſte ſe ſanctifie dans les états que Dieu a ſanctifiés. Bientôt elle ſera comme les Anges du Ciel. Là, ceſſeront les ſujétions de la vie préſente.

N°. IX.

LETTRE

de M. l'Evêque de CHARTRES *au* ROI, (1)
sur la paix & sur sa femme.

APrès avoir remercié Dieu de la paix qu'il nous a enfin donnée par les soins de Votre Majesté, il est juste que

___

(1) Cette piece a déja paru dans quelques Journaux. Je n'en connois pas l'Editeur. Qu'il me permette de m'approprier l'avertissement qu'il a mis à la tête de l'édition de Bruxelles, & qu'on a mis en note dans l'édition de Paris.

″ Que le Lecteur ne forme aucun doute sur
″ l'authenticité de cette lettre : j'ai vu de mes
″ yeux l'original écrit & signé par M. l'Evêque
″ de Chartres : quelques ratures, mais point de
″ mots substitués au-dessus des mots rayés : au
″ dos, ceux-ci, de la main de Me. de Mainte-
″ non : *Lettre très-secrete de M. l'Evêque de Char-*
″ *tres* ; point de date, mais elle est sûrement de
″ la fin de l'année 1697, après la paix de Ris-
″ wick. Mlle. d'Aumale en parle dans ses Mé-
″ moires ; mais elle dit qu'on n'a pas voulu la
″ lui montrer. Je tiens la copie que je donne au
″ public d'un Ecclésiastique qui a été attaché à
″ feu M. de Merinville, Evêque de Chartres,
″ neveu & successeur de M. des Marais. Les

nous la remercions elle-même de tout ce qu'elle veut bien sacrifier à notre repos.

» Dames de Saint-Louis peuvent produire l'o-
» riginal : elles l'ont eu de M. de Merinville,
» qui leur donna cette piece cachetée de ses ar-
» mes, vingt ans après la mort de Me. de Main-
» tenon, à condition qu'elles ne l'ouvriroient
» qu'après la sienne. Cependant il écrivoit à Me.
» de Maintenon : *Ne soyez point en peine, Ma-*
» *dame, j'ai brûlé tous les papiers qui vous regar-*
» *doient, que j'ai trouvé dans le cabinet de feu M.*
» *l'Evêque de Chartres.* Mais comment cette Let-
» tre adressée à Louis XIV, a-t-elle pu se trou-
» ver dans ces papiers ? Vraisemblablement l'E-
» vêque la remit à Me. de Maintenon, soit pour
» l'examiner, soit pour la donner au Roi ; & Me.
» de Maintenon trouva bon de la supprimer, à
» cause des louanges que le Roi auroit pu croire
» concertées entre elle & son Directeur. Peut-
» être aussi n'est-ce qu'un brouillon, comme les
» ratures & le manque de date semblent le dire.
» Les Secretaires du Cabinet peuvent voir dans
» les papiers de Louis XIV, si cette lettre est
» arrivée à son adresse. Ceux qui croiroient
» qu'elle est l'effet d'un concert entre M. Des-
» marais, Me. de Maintenon, & M. de Merin-
» ville, formeroient un soupçon moins vraisem-
» blable que malin : car en ce cas, cette piece
» étoit destinée, ou à tromper, ou à instruire
» la postérité ; mais comment accorder le dessein
» de tromper, avec l'apostille de Me de Main-
» tenon qui l'auroit trahie ; & le dessein d'ins-
» truire, avec cette fureur d'anéantir tout ce qui
» auroit prouvé plus simplement son état ? »

Les bontés qu'elle a pour moi, me flattent qu'elle ne trouvera pas mauvais que je prenne cette liberté.

Dieu enfin, Sire, a exaucé votre foi : il vous a délivré, parce que vous avez eu confiance en lui ; il vous a protégé, parce que vous avez connu son nom, selon la parole du Prophete ; il a été touché de la droiture de vos intentions, & de votre grand zele pour la Religion. Il veut que ce soit vous qui rendiez le calme à l'Europe agitée, après vous voir miraculeusement soutenu contre les efforts de tous ses Princes réunis.

Quelles actions de graces ne devons-nous pas à Dieu, Sire, des biens qu'il répand sur nous par votre sagesse, par votre générosité, & en récompense, de votre foi ?

Les Evêques sont les peres spirituels des peuples ; ils ont droit de répandre leurs cœurs aux pieds de Votre Majesté. Agréez donc, Sire, que pour le Diocese que vous m'avez confié, je vous marque notre profonde reconnoissance. Tous vos peuples sentent les obligations qu'ils vous ont dans cette paix si desirée ; de tous côtés, ils élevent leurs mains au Ciel pour demander la conservation de votre sacrée personne.

C'est à vous à faire un saint usage du bien que nous devons à votre amour pour nous ; tandis que nous faisons des vœux pour obtenir les graces nécessaires à Votre Majesté ; c'est à elle à remplir tous les desseins de Dieu sur elle.

La paix va vous fournir, Sire, les moyens d'affermir la Religion Catholique, & de rétablir par-tout les loix, en remédiant aux maux que la guerre a introduits. Vous aurez à présent la facilité de soulager votre peuple de l'accablement où il est ; vous aurez pitié de tant d'ames exposées aux injustices, à l'insensibilité, à l'oubli du salut, au désespoir, que la grande misere traîne après elle.

Vous avez, Sire, besoin d'une nouvelle sagesse & de la force d'en-haut, non-seulement pour réparer les désordres de la calamité d'où nous sortons, mais encore, pour bien user de la grande prospérité où vous entrez. David se conserva pur & innocent, tant qu'il fit la guerre aux ennemis du peuple ; il se perdit dans l'oisiveté. Samson fut invincible, tant qu'il combattit contre les Philistins ; sa force l'abandonna, dès qu'il cessa de combattre & de vaincre. Et Salomon, le plus sage des Rois, tant qu'il bâtit le Temple du Seigneur, fut la proie des pasfions, dès qu'il eut achevé son ouvrage.

La grande place que vous occupez, Sire, seroit un piege pour vous dans la guerre & dans la paix, comme elle l'a été pour tant de vos prédécesseurs, si Dieu n'avoit rempli votre cœur d'une crainte salutaire, d'une grande horreur du mal, d'un grand zele pour l'Eglise, & d'un amour sincere pour votre peuple. Chargés de tout, les Rois répondent à Dieu des injustices de la guerre, & des vices de la paix; & les ennemis de l'Etat ne sont pas les plus dangereux.

Vos œuvres, Sire, décideront de votre sort dans l'éternité; remplissez de vertus vos jours, comme St. Louis; elles suppléeront aux austérités de la pénitence, incompatibles avec votre état. Votre Majesté remettra peu à peu aisément le bon ordre par-tout; elle rendra justice à tout le monde; elle avancera en tous lieux la gloire de ce grand Dieu, qui s'est si hautement déclaré en sa faveur; c'est dans la paix que l'on seme les doux fruits de la justice chrétienne.

Il est visible, Sire, que Dieu veut vous sauver. Malheur aux Princes enlevés dans une jeunesse livrée aux grandes passions! ils vont remplir une des plus tristes places de la réprobation éternelle. Le salut des Rois eſt d'être réſervés à un âge plus mûr, après avoir été affranchis de l'idolâtrie de la volupté, ſur-tout quand Dieu leur inſpire de l'humilité, de la Religion, de la crainte de ſes jugements ; & qu'après les avoir exercés par différentes contradictions, il leur donne un bon conſeil, & des perſonnes fidelles & pieuſes pour les ſoutenir.

C'eſt ce que Dieu a fait pour vous, Sire. Vous avez une excellente compagne, pleine de l'eſprit de Dieu & de diſcernement, & dont la *tendreſſe, la ſenſibilité, la fidélité pour vous* ſont ſans égales. Il a plu à Dieu que je connuſſe le fond de ſon cœur. Je ſerois bien ſa caution, Sire, qu'on ne peut *vous aimer plus tendrement*, ni plus reſpectueuſement qu'elle vous aime. Elle ne vous trompera jamais, ſi elle n'eſt elle-même trompée. Dans tout ce que j'ai eu l'honneur de traiter avec elle, je ne l'ai jamais vu prendre un mauvais parti ; elle eſt comme Votre Majeſté ; quand on lui expoſe bien le fait, elle choiſit toujours immanquablement le côté de la ſageſſe & de la juſtice. Il paroît bien viſiblement, Sire, que Dieu vous a voulu donner *un aide ſemblable à vous*, au milieu de cette troupe d'hommes intéreſſés & trompeurs qui vous font la cour, en *vous accordant une femme*, qui reſſemble à la femme forte de l'Ecriture, occupée de la gloire & du ſalut de ſon époux, & de toutes ſortes de bonnes œuvres. Il me paroît, Sire, que Dieu eſt avec elle en tout ce qu'elle fait, & qu'elle l'aime préférablement à tout.

Voilà le compte que j'ai à rendre à Votre Majeſté, de la précieuſe brebis qui m'eſt confiée; ſi je ſuis trop hardi, ou trop ennuyeux, je ſupplie très-humblement Votre Majeſté de le pardonner à mon zele.

On ne peut être avec plus de reconnoiſſance, de fidélité, d'amour, de reſpect, que moi, &c. *ſigné* PAUL, *Evêque de Chartres.*

N°. X.

TITRES

De la Maiſon de ST. LOUIS.

BRevet du Roi pour éteindre le titre d'Abbé de St. Denis en France, & pour faire l'union des revenus de la Menſe Abbatiale à la Maiſon Royale de St. Louis, en date du 22 Mai 1686.

Lettres-patentes qui établiſſent M. Delpech, Conſeiller Secretaire du Roi, économe & adminiſtrateur général des biens, droits & Menſe Abbatiale de St. Denis, en date du 17 Juin 1686.

Édit d'érection de la Royale Maiſon de St. Louis, pour l'éducation de 250 filles nobles, du mois de Juin 1686, enregiſtré au Parlement le 18 du même mois. Le Roi donne, 1°. les revenus de la Seigneurie de St. Cyr, acquiſe par lui le 14 Juin 1686, du Duc de la Feuillade, qui l'avoit acquiſe de M. Seguier de St. Briſſon 91100 liv. le 9 Avril 1685. 2°. Les revenus de l'Abbaye de St. Denis. 3°. En attendant qu'il ait trouvé des acquiſitions convenables, il aſſigne 50 mille liv. de rente à prendre ſur les Domaines de la Généralité de Paris, ſur leſdites 50 mille livres, il reſte encore 20750 livres de rente à fournir en fonds de terre.

Brevet du 15 Juin 1686, par lequel le Roi donne à Me. de Maintenon un plein pouvoir à St. Cyr, & les privileges des fondateurs.

Lettres de l'Evêque de Chartres, qui dérogeant aux conſtitutions qui n'admettent que des Supérieures triennales, attribuent à Me. de Brinon, le titre, droits & prérogatives de Supérieure perpétuelle.

Premiers vœux simples des Dames de St. Louis, prononcé le 2 de Juillet 1686.

Démission de Me. de Brinon de la supériorité perpétuelle de la Maison de St. Louis, du 11 Décembre 1688.

Bulle d'union de la Mense Abbatiale de St. Denis à la Maison de St. Louis, par le Pape Innocent XII, aux calendes de Février 1691.

Lettres-patentes, par lesquelles Sa Majesté confirme l'union de la Mense Abbatiale de St. Denis à la Maison de St. Louis, au mois de Novembre 1692.

Bref du Pape Innocent XII, portant changement de l'institut séculier en régulier, du 13 Septembre 1692. (1)

---

(1) Ce Bref donne à la Royale Maison de St. Louis le droit d'acquérir des biens, & d'en recevoir d'autres que des Rois & des Reines de France : ce qui est contraire aux Lettres-patentes d'érection. Voici ce que M. l'Evêque de Chartres écrivit là-dessus à Me. de Maintenon le 28 Octobre 1703. " Vous avez souhaité, Madame, que
" je fisse une réponse à la difficulté qu'une de
" vos filles vous a proposée avant votre voyage
" de Fontainebleau. Elle étoit fondée sur la dif-
" férence qui se trouve entre les termes du Bref
" du Pape, donné pour l'érection de la Maison
" Royale de St. Louis en Monastere, & ceux

Lettres-patentes, par lesquelles Sa Majesté confirme le changement de l'Institut

» des Lettres-patentes du Roi, données pour la
» fondation. Le Pape par son Bref donne pou-
» voir à l'Evêque de Chartres, comme son Com-
» missaire, d'attribuer à votre Maison des Re-
» ligieuses de St. Louis, non-seulement tous les
» biens donnés par le Roi, mais aussi la faculté
» de recevoir tous ceux qu'on leur pourroit lé-
» guer ou donner dans la suite : au-lieu que les
» Lettres-patentes de S. M. portent expressément,
» qu'on ne pourra recevoir en cette Maison au-
» cun don, ni legs, ni aumônes, si ce n'est du Roi,
» de ses successeurs, & des Reines de France.
» Voilà, Madame, ce qui a fait craindre à quel-
» qu'une de vos filles, zélée pour son institut,
» que les intentions de S. M. & les vôtres ne
» fussent pas assez suivies, sous couleur de ces
» termes du Bref d'érection. Il est aisé de com-
» prendre, Madame, que cette clause du Bref
» du Pape n'a eu aucun effet, & n'en peut avoir
» à l'avenir, au préjudice des termes de la fon-
» dation de S. M.

» 1°. Le Pape par son Bref ne donne pas di-
» rectement aux Religieuses la faculté de rece-
» voir des dons & des legs; mais il laisse seu-
» lement le pouvoir à l'Evêque, son Commis-
» saire en cette partie, d'attribuer au Monastere
» de St. Cyr cette faculté, s'il le juge à propos.

» 2°. Le Bref porte en termes précis, que
» l'érection se fera sans préjudice des droits de
» S. M., à raison de sa fondation & donation.

» 3°. Le Bref donne un pouvoir général &

séculier en régulier, en date de Novembre 1692. Dès ce même mois, 21 Dames

---

» indéfini à l'Evêque de Chartres, de faire en
» l'exécutant, tout ce qu'il jugera convenable
» & nécessaire.
» Or, Madame, dans mon décret en exécution
» de ce Bref, j'ai expressément fait mention des
» Lettres-patentes, & marqué que l'érection se-
» roit sans préjudice des droits que le Roi s'étoit
» réservés pour lui & ses successeurs par ses let-
» tres de fondation ; & je n'ai assigné à la maison,
» que les biens qui lui sont donnés par la fon-
» dation de S. M. Je ne lui ai point commu-
» niqué cette faculté de recevoir les dons &
» legs qui pourroient être faits par d'autres ;
» mais j'ai uniquement borné l'article de la do-
» tation aux termes précis des intentions de S.
» M. & aux Lettres-patentes qui ont rendu les
» Dames de St. Louis incapables de recevoir
» d'autres biens.
» Ainsi, Madame, il n'y a rien du tout à
» craindre sur cet article ; & il est certain que
» nous ne regardons pas en France la capacité
» qu'ont les Monastères, de posséder des biens
» dans le Royaume comme venant principale-
» ment de l'Eglise, mais bien plus de l'autorité
» des Rois, entre les mains desquels Dieu a
» mis le souverain domaine sur les biens tem-
» porels de leurs sujets ; & qui accordent aux
» Maisons religieuses le droit de les posséder se-
» lon l'étendue qu'ils jugent à propos.
» Je ne vous marque point ici, Madame, les
» citations qui justifieroient ce que j'ai l'honneur

de St. Louis, qui avoit fait des vœux simples, demanderent & reçurent en face de l'Eglise, l'habit de Novices. Le 11 de Novembre 1693, Mesdames du Perou, de St. Aubin, de St. Pars, de Gauthier, de Fontaines, & du Thourp, prononcerent leurs vœux solemnels.

Décret de M. l'Evêque de Chartres pour l'établissement des Prêtres de St. Lazare à St. Cyr, du 23 Novembre 1692. L'Acte de soumission de M. Jolly, leur Général, est du 24 Novembre 1692.

Lettres-patentes du 3 Mars 1694, par lesquelles Sa Majesté regle l'administration temporelle de St. Cyr.... *Et desirant pourvoir à l'administration du temporel de la Maison de St. Louis, & à la conservation des biens dont nous l'avons dotée, nous avons établi & établissons par ces présentes, un Conseil réglé, que nous voulons être composé de l'un de nos amés & féaux Conseillers ordinaires en notre Conseil d'Etat, qui sera commis par nous & par nos*

" de vous écrire, parce que je les crois superflu.
" M. Nouet a conduit lui-même par ses avis le
" décret d'érection que j'ai donné, & il ne nous
" auroit pas exposé à contrevenir en rien aux Let-
" tres-patentes du Roi ".

successeurs Rois, d'un ancien Avocat en notre Cour du Parlement de Paris, & d'un Intendant de ladite Maison, qui seront choisis par la Supérieure & les Dames de son Conseil. Et en ce Conseil, s'assemblera une fois la semaine, & plus souvent, s'il est nécessaire, dans la maison de notre Conseiller en notre Conseil par nous commis. Dérogeons par ce regard à l'article 112 de l'Ordonnance de Blois, & autres Ordonnances des Rois, nos prédécesseurs, portant défenses à nos Officiers, de prendre le soin des affaires des Communautés. Voulons que le Sieur Evêque de Chartres, lorsqu'il se trouvera à Paris, puisse assister au dit Conseil, toutes les fois qu'il le jugera à propos. Le Conseil par nous établi, aura l'inspection générale sur l'administration du temporel de la Maison de St. Louis. A cet effet, l'Intendant y rendra compte de toutes les affaires, & de l'exécution des résolutions qui auront été prises. (1)

_____

(1) En conformité de ces Lettres-patentes, Louis Phelippeaux de Pontchartrain, Secretaire d'Etat, Contrôleur-Général des Finances, fut nommé Chef du Conseil extérieur de la Maison Royale de St. Louis, par Brevet du Roi, du 13 Mars 1694. Michel Chamillard, par Brevet du Roi, du 6 Septembre 1699. Daniel-François Voi-

Lettres-patentes du mois de Mars 1698, par lesquelles le Roi donne encore 30000 livres de rente d'augmentation de fondation, à prendre sur les finances de la Généralité de Paris.

Lettres-patentes du mois de Juillet 1698, par lesquelles le Roi donne de nouveau à la Maison de St. Louis, par augmentation de fondation, 60000 liv., à prendre par chacun an sur le Domaine de la Généralité de Paris, laquelle somme aux termes desdites Lettres-patentes, sera employée à fournir à chacune des Demoiselles, sor-

---

sin, par Brevet du 18 Juin 1709. Adrien-Maurice, Duc de Noailles, Pair de France, par Brevet du 16 Février 1717 : & en cas d'absence ou d'empêchement, François de Neuville, Duc de Villeroi, Pair & Maréchal de France, par Brevet du 18 Juin 1722 ; & par le même Brevet, Henri-François de Paule le Fevre d'Ormesson. Les Avocats de la Maison de St. Louis ont été Claude Nouet, Avocat au Parlement de Paris, par Brevet des Dames du 29 Avril 1694. Guy Nouet son fils, par Brevet du 1 Janvier 1699. La Monnoye, par Brevet du 29 Janvier 1740. Les Intendants ont été, Bernard, par Brevet desdites Dames, & commis par Arrêt du Conseil d'État du 10 Avril 1694, pour délivrer les expéditions des délibérations du Conseil : Charles Mauduit, par Brevet du 10 Janvier 1710 ; Michel Salvat, par Brevet de Février 1745.

tant de ladite maison à l'âge de 20 ans, une somme de 3000 livres.

Supérieures de St. Cyr.

1. N. de Brinon, morte à Maubuisson, en 1701.
2. N. de Loubert. Elle engagea les Dames de St. Louis à faire les vœux solemnels, & ne voulut pas les faire elle-même. Elle sortit de St. Cyr en 1698, après les Dames Quiétistes, avec lesquelles elle étoit fort liée. Elle se retira aux Ursulines de Poissy, avec une pension de 2000 livres.
3. N. Priolo, Religieuse de la Visitation de Chaillot.
4. Anne-Françoise Gauthier de Fontaines, élue la premiere fois par commission des Dames, n'ayant pas encore de voix active ni passive, & élue une seconde fois en forme, morte le 15 Décembre 1743, âgée de 85 ans.
5. Catherine Travers du Perou, morte le 15 Juillet 1748, âgée de 83 ans.
6. Marie-Anne Hallé, morte le 27 Juillet 1703, âgée de 50 ans.
7. Marie de la Poipe de Vertrieux, morte le 1 Décembre 1716, âgée de 55 ans.

8. Marie-Magdeleine de Glapion, morte le 24 Septembre 1729, âgée de 55 ans.

9. Marie-Magdeleine-Geneviéve de Roquigny de Bulonde de Linemare, morte, le 4 Janvier 1749, âgée de 65 ans.

10. Jeanne-Françoife de Boufflers de Remiencourt, morte le 11 Mai 1751, âgée de 60 ans.

11. N. de Mornay de Montchevreuil, née en 1700.

12. N. du Han de Crevecœur, née en 1701, élue ce 13 Mai 1755.

Depuis l'an 1686, jufqu'à cette année 1755, il y a eu à St. Cyr 94 Dames qui ont fait profeffion. De forte que le nombre étant toujours de 40, il en eft mort 54 dans l'efpace de 69 ans. Depuis la même année, 1100 Demoifelles font entrées à St. Cyr, dont 275 y font mortes avant leur vingtieme année. La petite-vérole y eft très-fréquente, mais n'y fait pas de grands ravages. Depuis l'année 1727, jufqu'à ce jour, elle n'a emporté que 5 Demoifelles. La pulmonie, les pleuréfies, la dyffenterie, les maux de gorge, voilà les maladies qui regnent le plus à St. Cyr.

Nº. XI.

MÉMOIRE (1).

Sur le rappel des Huguenots fugitifs.

SI les choses étoient aujourd'hui dans le même état (2) que lors de l'Edit qui révoqua celui de Nantes, je serois d'avis sans balancer, qu'il faudroit se contenter d'abolir peu-à-peu l'exercice de la Religion prétendue Réformée,

---

(1) On a ce Mémoire écrit de la main de Me. de Maintenon. On y voit qu'elle n'étoit pas dans l'erreur de son siecle sur la mission bottée. Mais qu'elle étoit encore loin de la vérité ! Son caractere la portoit à la modération & à l'équité. Les préjugés de sa Religion la jettoient dans la sévérité & dans l'injustice. La copie que j'ai, a été apostillée par un homme d'esprit, dont les remarques que je donne au bas des pages me paroissent assez justes.

(2) Il est vraisemblable que ce Mémoire fut fait en 1698 ou 1699, années où l'on parla beaucoup en France du rétablissement de l'Edit de Nantes. Je ne puis croire que d'aussi utiles raisons eussent déterminé Louis XIV à ne pas rappeller les Huguenots. Car que faudroit-il penser

Tome VI. E

& penser à réunir insensiblement tous les sujets du Royaume dans la même Religion, en excluant, dans les occasions qui s'en présenteroient, les Huguenots des charges & des emplois, & en s'appliquant avec patience & avec douceur à les convertir en les persuadant de la vérité (1).

Mais dans la situation où l'on se trouve aujourd'hui, il faut, ce me semble, changer d'idées.

Il est vrai, que par rapport à la conscience, il me paroîtroit qu'on pourroit aujourd'hui aller jusqu'à établir dans le Royaume la liberté d'être de la R. P. R. sans exercice public (2), supposé que

──────────

(1) Ce projet suppose que la puissance civile a quelque inspection sur la conscience du peuple. Ce qui n'est pas, & ne peut être. L'Etat veille sur les actions; l'Eglise sur les opinions. Le Prince est le pere commun de tous ses sujets, de quelque Religion qu'ils soient. Mais il n'a pas droit de protéger un parti plutôt qu'un autre : car en protégeant ce qu'il croiroit la vérité, il risqueroit souvent de protéger l'erreur. Le Roi ne peut influer sur ce qui regarde la Religion que par son exemple. On l'a déja dit: Clovis en recevant le Baptême, devint membre de l'Eglise, & n'acquit point le droit de juger entre les Orthodoxes & les Ariens.

(2) Non-seulement la conscience du Prince au-

cette liberté procurât à la France des avantages confidérables (1), ou la garantît

toriſoit cette liberté, mais encore elle l'ordonnoit, 1°. parce que tout homme qui veut dominer ſur l'ame d'un homme, paſſe ſes droits & ſon pouvoir, & par conſéquent commet une injuſtice, & veut une abſurdité : 2°. parce que priver un peuple de l'exercice de ſa Religion, c'eſt le forcer, ou à ſe réunir extérieurement à une Communion qu'il abhorre, ce qui eſt une hypocriſie abominable, ou à vivre ſans culte & ſans aſſemblée religieuſe, ce qui eſt contraire à la nature de la Religion. Le libre exercice de la Religion P. R. ſans publicité, ne pouvoit cauſer aucun mal à l'Etat ni à l'Egliſe dominante. Il n'eût fallu que permettre aux Huguenots de s'aſſembler un jour de la ſemaine pour prier Dieu, abroger toutes les loix pénales, la honte du regne de Louis XIV, ordonner que l'émiſſion des promeſſes matrimoniales ſe feroit par-devant le principal Juge du lieu. Par-là, ſi l'on n'eût pas rappellé ceux qui avoient fui, on auroit du moins retenu ceux qui reſtoient. Aujourd'hui les Huguenots ſont dans la néceſſité, ou de ſortir du Royaume pour ſe marier, ou d'abjurer leur Religion, & de profaner les Sacrements de l'Egliſe, ou de faire bénir leurs mariages par leurs Prédicants, au haſard des galeres pour eux & de la note de bâtardiſe pour leurs enfants, ou bien de vivre dans le célibat & dans le concubinage.

(1) Quand la liberté de conſcience ne produiroit à l'Etat que des hommes, cet avantage ſuffiroit pour l'obtenir de la politique & de la Re-

de quelque grand péril, & qu'on n'eût pas d'autre moyen de l'enrichir ou de la sauver.

Mais bien-loin de croire que l'on en dût attendre d'heureux effets, je suis persuadée qu'un changement de telle nature en produiroit beaucoup de mauvais, & point de bons. Voilà mon sentiment, & sur quoi je le fonde.

Dans la conjoncture présente, cette démarche seroit regardée dans les pays étrangers, dans le Royaume même, & sur-tout par les Huguenots fugitifs & par les nouveaux convertis, comme l'effet d'une appréhension causée par la situation des affaires (1). Ces gens-là en deviendroient plus insolents (2) ; & fortifiés par les es-

---

ligion. L'une veut qu'il y ait des hommes pour soutenir des guerres ; l'autre, qu'il y en ait pour que Dieu soit connu & béni par un plus grand nombre d'êtres.

(1) Cela pouvoit être vrai. Mais en politique, un motif de gloire doit-il l'emporter sur une raison d'intérêt ? Toute l'Europe eût dit que Louis XIV s'étoit trompé. Mais ne le disoit-elle pas ? Et n'eût-il pas mieux valu qu'elle eût ajouté : Il s'est trompé, mais il reconnoît sa faute, il l'avoue, & la répare. La gloire, cette idole des Rois, dès qu'elle n'est pas dans le bien public, est l'homicide des peuples.

(2) L'autorité souveraine avoit de quoi répri-

pérances que leurs Ministres leur donneroient, ils oseroient tout entreprendre au moindre échec qu'auroient les armes du Roi (1).

Je crois qu'une partie de ceux qui ont passé dans les pays étrangers, affoibliroient plutôt l'Etat par leur malveillance, qu'ils ne le fortifieroient par leur nombre (2).

―――――――――――――

mer leur insolence. Quand un Général a un Régiment insolent, il ne lui donne pas congé, il n'en fait pas présent à l'ennemi : il y rétablit l'ordre par une discipline sévere.

(1) Des hérétiques protégés par leur Prince comme les autres sujets, n'ont jamais rien entrepris contre lui. Ce n'est que la tyrannie de la Religion dominante, qui a produit en France & en Angleterre ces guerres civiles, qui ont fait croire aux François que le Calvinisme étoit par lui-même porté à la révolte; & aux Anglois, que le Catholicisme étoit séditieux. Les Catholiques de Hollande ne sont point rebelles, parce que défendus par les Loix, ils ne dépendent point du caprice d'un Ministre intolérant. Depuis l'Edit de Nantes, les Religionnaires de France n'avoient pas pris les armes. Mais je veux que les Religionnaires soient des sujets mal intentionnés; je demande s'il vaut mieux perdre par un seul Edit trois millions d'hommes, ou bien employer trois millions d'argent à les contenir dans l'obéissance. Environnez les Temples de vingt pieces de canon, mais ne les abattez pas.

(2) Ils y auroient rapporté leur industrie, &

E iij

Ce sont les plus opiniâtres & les plus entêtés du parti, qu'on a vu capables de renoncer à leurs biens, à leur patrie, aux devoirs les plus essentiels, & même à leur légitime Souverain, plutôt que de plier à ce qu'on exigeoit d'eux (1).

Des gens de ce caractere seroient prêts à tout hasarder, & à donner du mouvement à ceux dont les intentions sont les moins mauvaises : & je crois qu'on ne se tromperoit pas, en les regardant, non-seulement comme ennemis, mais comme capables de nous en susciter une infinité d'autres. (2)

---

ramené leurs enfants. Ce ne sont point les sentimens qui affoiblissent ou qui fortifient un Etat, c'est la population ou la dépopulation, la pauvreté ou les richesses.

(1) Il falloit plaindre ces fugitifs, & non les insulter. Ce qu'on appelloit entêtement, étoit fermeté, & fermeté louable aux yeux même de leurs persécuteurs. Car quel est l'Evêque ou le Dragon qui pouvoit nier qu'un Calviniste devoit, en conscience, conserver son erreur, tant qu'il croyoit que cette erreur étoit la vérité ? Quel est le plus coupable, du Prince qui veut plier l'opinion de son sujet à la sienne, ou du sujet qui, forcé de choisir entre l'ordre du Roi & ce qu'il croit l'ordre de Dieu, préfere le second au premier ?

(2) Voilà comme on représentoit dans le Conseil du Roi une partie de sujets, qui depuis plus

Enorgueillis par le bon succès de leur opiniâtreté, ils confondroient par leurs reproches & par leurs railleries les nouveaux convertis. C'en seroit assez pour faire retomber le *petit nombre* de ceux qui ont reconnu la verité, mais dont la foi n'est pas encore bien affermie. Ceux qui sont incertains, & qui avec le temps auroient pu suivre le bon parti, seroient fixés à demeurer dans le mauvais. Et pour ceux qui sont Huguenots dans leur cœur, il y auroit moins d'espérance, que jamais, de leur conversion (1).

---

de cinquante ans, vivoient dans la plus parfaite obéissance, qui n'eurent aucune part aux troubles de la minorité, que le Cardinal Mazarin appelloit *le troupeau fidele*, auxquels le Roi avoit lui-même rendu un si glorieux témoignage dans sa lettre à l'Electeur de Brandebourg.

(1) On eût pu alléguer ces raisons dans un Conseil de Moines ou d'Inquisiteurs. Mais qu'importe à un Roi de France, que ses sujets soient d'une certaine Religion ? Il est essentiel qu'ils soient industrieux & fidéles; mais il lui est aussi indifférent qu'ils soient Calvinistes ou Catholiques, qu'il l'est, qu'ils ayent le nez court ou long. Le Prince ne répond point à Dieu des idées de son peuple : Dieu ne lui demandera point ce qu'il a fait pour rendre ses sujets bons Logiciens : il lui demandera ce qu'il a fait pour empêcher les crimes. C'est à l'Eglise à condamner les hérétiques, à les punir par des anathêmes.

On ne peut eſpérer que la liberté tacite de conſcience, ſans exercice public, ſatiſfît ceux qui rentreroient dans le Royaume, ni les nouveaux convertis même, qui y ſont demeurés. Ils compteroient pour rien le changement qu'on feroit en leur faveur, s'il n'étoit ſuivi d'un Edit qui les remît au même état où étoient leurs peres, & où ils étoient eux-mêmes avant la révocation de celui de Nantes (1).

―――――

Le Roi, qui entre, ou comme arbitre ou comme oppreſſeur, dans les démêlés qui la partagent, s'arroge l'autorité de Grand-Prêtre, qui, dans le Chriſtianiſme, eſt incompatible avec celle du Souverain. Dans le compte que Louis XIV rendit à Dieu de ſes actions, ces ſujets, Catholiques au-dehors, Huguenots au-dedans, ne s'éleverent-ils pas en jugement contre lui?

(1) Quoique les Religionnaires puſſent demander avec juſtice d'être rétablis dans les privileges qu'on leur avoit ôtés ſans ſujet, cependant ils auroient reçu comme le plus grand des biens le moindre ſoulagement à leurs maux. Il n'étoit point néceſſaire de leur rendre leur premier état. On peut ſervir Dieu ſans cloches, ſans emplois, ſans Synodes. En les excluant des charges, on les auroit forcés à ſe jetter dans le commerce: & ſi leur Religion ne les affectionnoit pas à l'Etat, leur propre intérêt les y auroit attachés. Rien n'eſt plus ſoumis qu'un peuple marchand.

Comme ils attribueroient à la crainte ce qui leur auroit été accordé, ils souhaiteroient des événements qui en augmentant cette crainte, leur feroient espérer d'obtenir le reste, & ils n'attendroient que des occasions pour y contribuer (1).

Si l'on accordoit la librté de conscience, pourroit-on ôter aux peres & aux meres l'éducation de leurs enfants (2)?

───────────────

(1) Pourquoi ne pas dire, pourquoi ne pas espérer, que la reconnoissance d'un bienfait les porteroit à en mériter un plus grand?

(2) L'éducation des enfants appartient aux peres de droit naturel, & on ne peut imaginer aucun Gouvernement où ils se soient dépouillés de ce droit. A Sparte, ils appartenoient à l'Etat; mais ils étoient toujours sous le pouvoir des peres, puisque les peres faisoient les loix. Dom Emmanuel second, Roi de Portugal, ordonna qu'on *ôtât aux Juifs tous les enfants mâles*, qui n'avoient pas encore atteint l'âge de quatorze ans, & qu'on *les fît instruire dans la Religion Chrétienne*. Un Evêque Portugais, après avoir fait le tableau des violences que les ravisseurs exerçoient, ajoute que c'étoit *une voie inique & injuste dans l'exécution*, & qui n'étoit fondée *ni en droit ni en Religion*, quoiqu'elle semblât procéder *d'une bonne intention, & qu'elle eût l'apparence de la piété*. Les Conciles des premiers siecles ont condamné sans détour ces enlevements d'enfants. Et que peut dire le Clergé de France qui les ap-

Si on ne le faifoit, ils feroient plus irrités qu'ils ne le font aujourd'hui. Si, comme je crois qu'il feroit impoffible de l'éviter, on les en laiffoit les maîtres, ce feroit perpétuer dans le Royaume un Corps puiffant que la Religion tiendroit toujours dans des intérêts contraires au bien de l'Etat, & qui, s'ils fe voyoient privés d'efpérances prochaines, en concevroient d'éloignées, & envifageroient dans l'avenir une guerre civile, un regne foiblé, une minorité troublée, comme une reffource pour fortir de ce qu'ils appelleroient oppreffion (1).

Enfin, dans la fituation où font les efprits, pourroit-on efpérer de les guérir de leurs défiances ? ils croiroient que l'on céderoit pour un temps à la néceffité, & qu'après la paix, le Roi reprendroit la fuite d'un projet qu'il avoit fi fort à cœur (2).

---

prouvé, contre le tribut d'enfants que les Turcs levent fur les Chrétiens qui leur font foumis ?

(1) C'eft calomnier un peuple, que de le repréfenter fans ceffe comme rebelle après cinquante-fix ans de fidélité. D'ailleurs, les Huguenots fans chefs, fans emplois, fans crédit, auroient été trop foibles pour allumer une guerre civile.

(2) Les Religionnaires rappellés auroient cru

Ils ne compteroient pas plus fur l'exécution d'une nouvelle déclaration accordée en leur faveur, que fur l'Edit, qui en révoquant celui de Nantes, conservoit la liberté de conscience, la sûreté de leurs personnes & de leurs biens, & qui pourtant a été suivi de tout ce qui s'est fait contre eux dans les derniers temps (1).

---

que Louis XIV, instruit par l'événement, auroit abandonné un projet dont l'exécution étoit impossible. La persécution avoit appauvri & dépeuplé son Etat : la tolérance l'auroit rétabli. Les Huguenots qui s'en seroient apperçus, auroient peut-être peu compté sur un Edit, mais beaucoup sur l'intérêt du Roi.

(1) Cet aveu ingénu est remarquable. Voilà où en est un Prince qui a manqué de parole à ses sujets. Ses sujets se défient de ses bienfaits : & il se défie de leur reconnoissance. Louis XIV s'étoit joué deux fois des Protestants : l'une, en faisant, quelques jours avant la révocation, des dispositions sur un Edit qu'il avoit résolu de révoquer, quoiqu'il en eût solemnellement juré la conservation : l'autre, en permettant dans l'Edit révocatif la liberté de conscience, & en la défendant par les ordres expédiés dans toutes les Provinces. Ce Prince n'ignoroit donc pas les violences exercées contre ceux qui vouloient avoir une conscience libre suivant les termes de l'Edit. Tout au plus on peut croire qu'il n'a pas su à quel excès elles furent portées.

E vj

De plus, par rapport au Roi, j'ai de la répugnance à un changement tel que celui qu'on propose. Quitter ainsi une entreprise, qu'il a poussée si hautement, sur laquelle il a permis qu'on lui donnât tant de louanges (1), dans laquelle ses ennemis ont toujours publié qu'il succomberoit, ce feroit avilir sa réputation, ce feroit le rendre contraire à lui-même, ce feroit démentir la sagesse & la fermeté ordinaire de ses résolutions (2).

―――――――――――――――――――

(1) Qui avoit loué Louis XIV ? les Sages, les Politiques, les bons Chrétiens, les bons François ? Non. Un tas de Moines, sans esprit & sans ame ; des Evêques, qui profitoient des dépouilles des proscrits ; des Ministres, qui ne connoissoient en France d'autre loi que le bon plaisir du Maître ; des Courtisans, qui se moquoient en secret de ce qu'ils louoient en public ; des Intendants, qui, quelques années après, ne purent s'empêcher d'avouer & de déplorer la désolation où ils avoient réduit nos plus belles Provinces. Voyez leurs Mémoires dans le Recueil de Boulainvilliers. Louis XIV étoit bien bon de s'enivrer d'un pareil encens ?

(2) Voilà encore la gloire du Roi présentée comme une raison d'Etat. La vraie gloire du Prince est d'aimer le bien, de le chercher, de le faire, de se repentir de ne l'avoir pas fait, & de réparer, en le faisant, ce que l'aveu d'une faute a de honteux.

De toutes ces raisons, il me paroît résulter, que le meilleur des partis qu'il y auroit à prendre, ce seroit, sans donner aucune nouvelle déclaration, & sans révoquer aussi aucune de celles qui ont été données, de continuer, comme on a déja commencé, à adoucir insensiblement la conduite envers les nouveaux couvertis (1).

―――――――――――――――――

On peut des plus grands Rois surprendre la justice;

& certainement celle de Louis XIV avoit été surprise. Lisez le préambule de l'Edit révocatif: vous y verrez qu'il n'est fondé que sur ce que celui de Nantes *étoit devenu inutile,* par la réunion de presque tous ceux pour qui il avoit été donné & maintenu.

(1) L'événement a prouvé l'inefficacité du remede que propose Me. de Maintenon. La rigueur outrée dépeuple les Provinces : la rigueur modérée ne diminue pas assez le nombre des Huguenots. Aujourd'hui il y en a en France trois millions au moins. Et ce qui démontre leur fidélité, c'est qu'un peuple si nombreux donne moins d'occupation au Conseil & aux Parlements, qu'une douzaine de Jansénistes. Mais tôt ou tard, il faudra ouvrir les yeux sur le mal qu'on pallie depuis si long-temps. Il faudra donner un état à tant d'enfants nés de mariages bénis par les Prédicants, ou jetter dans le désespoir cent mille familles. Il faudra permettre aux Huguenots de se marier sans abjuration, ou les condamner au cé-

Sur-tout de ne les point forcer à commettre des sacrileges en approchant des Sacrements sans foi & sans dispositions :

Ne point faire traîner sur une claye les corps de ceux qui auroient refusé les Sacrements à l'heure de la mort (1).

Ne point faire recherche des effets remis dans le commerce par ceux qui sont hors du Royaume.

Quant aux attroupements, ce sont des revoltes & des désobéissances à punir :

---

libat le plus funeste à la France, & exempter de milice des villages & des bourgs entiers. Il faudra tolérer du moins l'exercice secret de la R. P. R., ou se résoudre à enrichir les peuples voisins des manufactures de Sedan, de Mazamet, de Carcassonne, de St. Quentin, &c.

(1) Cette cruauté subsiste encore : la Déclaration de 1724 l'ordonne expressément : & des cadavres hérétiques récemment exhumés à Catenet en Provence & à Lavaur en Languedoc, prouvent que ce n'est pas une peine comminatoire. Il est singulier, il est déplorable, il est honteux, que les mêmes Evêques tourmentent les consciences des mourants de toutes les Religions, & les persécutent jusqu'à leur dernier soupir, en refusant les Sacrements aux Jansénistes qui veulent les recevoir, & en forçant à les recevoir les Calvinistes qui les refusent. Les Religionnaires n'ont-ils pas raison de s'écrier en gémissant : *Oh ! si notre bon Roi le savoit !*

& j'approuverois les châtiments les plus rigoureux, pourvu qu'ils ne tombent que fur les feuls coupables, & que les innocents ne foient pas confondus avec eux (1).

―――――

(1) Me. de Maintenon fort ici de fon caractere modéré; & après avoir parlé comme elle-même, elle parle comme fon fiecle. Les attroupements font féditieux quand ils ne font pas néceffaires; mais quand le renverfement des Temples, le manque des Miniftres, la rigueur, l'injuftice des Loix les rendent indifpenfables, ils deviennent légitimes. Forcer un peuple à défobéir, & lui faire un crime de fa défobéiffance, c'eft le plus inique des attentats qu'ait ofé le defpotifme confeillé par la fuperftition. Les loix de Louis XIV défendoient aux Proteftants de s'affembler: les loix de Dieu le leur ordonnoient. Dans cette alternative, que faire! ce que faifoient les premiers Chrétiens. Les Empereurs leur avoient défendu de s'affembler. N'obéiffoient-ils pas aux ordres contraires de celui qui eft plus grand que les Empereurs? Le culte public eft de l'effence de la Religion: toutes les communions Chrétiennes font d'accord fur ce point. Aucune communion Chrétienne ne peut donc accufer de révolte la défobéiffance aux loix qui profcrivent ce culte public. Il y a, dit-on, un milieu entre défobéir au Prince, & obéir à la confcience: il faut fortir du Royaume. Mais cette fortie même eft une défobéiffance, févérement punie par le même Edit, qui défend à un peuple entier de prier Dieu

Il faudroit, pendant la guerre, veiller avec foin à l'éducation des enfants : mais, au retour de la paix, confidérer cette affaire comme une des principales de l'Etat : prendre des mefures fuivies & uniformes pour éloigner les jeunes gens de leurs familles ; n'épargner ni foin ni argent pour leur faire trouver hors de chez eux la fubfiftance nécessaire. Ces vues demanderoient un grand examen pour former un plan général, duquel il ne faudroit plus fe départir.

Par cette conduite, on parviendroit à anéantir en France la R. P. R., & l'on pourroit la délivrer d'un mal dont elle fouffre depuis fi long-temps (1).

Je n'entreprendrai point de réfuter en détail le mémoire qui m'a été communiqué. J'obferverai feulement que l'Auteur y parle de zele & de fidélité, comme fi l'on avoit oublié tout ce que l'hiftoire

---

(1) Cependant cette Religion fi déteftée a placé fur le trône la race des Bourbons : elle a réprimé l'ambition des Guifes ; elle a infpiré de l'horreur contre l'Inquifition ; elle a diminué les maux attachés au célibat ; elle a forcé le Clergé à fortir de l'ignorance & du vice. Sans elle, la France feroit livrée aux Moines, comme l'Espagne & le Portugal.

rapporte de la conduite des Huguenots depuis leur origine. N'ont-ils pas fait des guerres sanglantes à nos Rois? N'ont-ils pas souvent attiré des armées étrangeres dans le Royaume (1)?

Sous ce regne-ci même, n'a-t-on pas découvert la suite de leurs mauvaises intentions par un acte secret d'un de leurs Synodes, fait dans un temps où ils espéroient que Cromwel pourroit les appuyer (2)?

―――――――――――――――

(1) Les Huguenots ont été pleinement justifiés de ces accusations dans la seconde partie de l'*Accord parfait*. Dans quelques-unes de ces guerres, ils prirent les armes par ordre du Roi; dans quelques autres, pour lui-même; dans les suivantes contre les ligueurs, & toujours pour le grand-pere de Louis XIV. Sous Louis XIII, la prise d'armes ne fut pas générale; elle fut condamnée par les plus sages & par le plus grand nombre. Leur doctrine sur l'obéissance illimitée due au Souverain, n'a jamais varié. S'il y a eu quelques séditieux, quelques républicains parmi eux, le corps entier n'est pas plus responsable de leurs fautes, que l'est la Compagnie de Jesus, des fureurs de quelques Jésuites, qui ont soutenu que l'obéissance au Monarque hérétique ou schismatique étoit une *doctrine Calvinienne*. Clément & Ravaillac n'étoient point Huguenots.

(2) L'histoire ne parle point de cet Acte secret: & Louis XIV reconnut solemnellement la fidélité des prétendus Réformés pendant sa minorité,

Ne voit-on pas encore aujourd'hui, par les lettres interceptées de ceux qui sont fugitifs, combien ils sont portés pour le Prince d'Orange & pour les Princes de leur Religion (1)?

L'Auteur du Mémoire se trompe aussi, quand il attribue la ligue des Princes Protestants aux mauvais traitements que les Huguenots ont soufferts (2). Elle me paroîtroit plutôt une suite de la jalousie & de l'animosité qu'ils ont toujours eue contre la France.

---

temps où l'on place cette association avec Cromwel. Et comment, après avoir rejetté les propositions de Condé, en auroient-ils fait à l'Angleterre?

(1) Cette inclination prouvoit leur reconnoissance. Il étoit naturel que des malheureux aimassent les Princes qui compatissoient à leurs malheurs. Et Bayle, qui leur en fit un crime dans son *avis aux Réfugiés*, le plus beau & le plus méchant des libelles, eut à se reprocher d'avoir ri des larmes de ses freres.

(2) Qu'on lise avec attention les Mémoires du temps, on verra que la ligue de l'Europe n'avoit pas d'autre cause que l'indignation de toute l'Europe contre l'oppression des Huguenots qui remplissoient l'Univers de leurs plaintes & de leurs gémissements. Sans la révocation, Guillaume III auroit bien souhaité de régner; mais il n'auroit pas songé à détrôner son beau-pere. Et s'il y avoit songé, les Provinces d'Hollande & de West-

L'Auteur dit trop auſſi, quand il attribue la ruine du commerce, la rareté de l'argent, le dépériſſement des manufactures, l'abandon des terres à la ſeule retraite de ceux qui ſont ſortis du Royaume. Il eſt vrai que cet inconvénient a fort augmenté le mal; mais ce mal avoit une origine plus ancienne (1).

———

Friſe n'auroient pas ſecondé ſes vues ambitieuſes. Voyez les Mémoires du Comte d'Avaux. Ce fut le zele de Louis XIV, qui, communiqué à Jacques II, perdit Jacques, & ruina Louis. Et il n'eſt que trop vrai que toute cette guerre ne fut qu'une guerre de Religion.

(1). Malgré les dépenſes exceſſives de Louis XIV en meubles, en fêtes, en bâtiments, en troupes, tout floriſſoit en France, lorſque l'édit de Nantes fut révoqué. Les fugitifs abandonnant les terres, emporterent l'argent; & par-là les terres furent en friche, & le commerce ſans équivalent des denrées. Les fabriques de ſoie, de chapeaux, de papier, de droguets, de glaces, de fer blanc, d'horlogerie, s'établirent à Londres, en Allemagne, à Berlin, à Amſterdam. Le Prince d'Orange eut des Régiments entiers de François, tous payés en eſpeces de France. La Hollande, qui n'étoit que l'entrepôt des marchandiſes, en devint la ſource. Le Brandebourg, qu'on ne comptoit pour rien dans la balance de l'Europe, la fit pencher à ſon gré. Les Landes de la Poméranie furent défrichées. Le mal n'eſt pas encore ceſſé. Chaque jour, des Huguenots émigrants

Il y a encore quelques feuilles écrites de la main de Me. de Maintenon, où sont écrites les notes suivantes.

Il faudroit éviter sur-tout les spectacles qui donnent une idée du martyre. Rien n'est plus dangereux pour les nouveaux Catholiques, & même pour les anciens :

Ne perdre jamais de vue le dessein de convertir ; s'y prendre avec des maximes solides & uniformes ; en faire un projet, le bien examiner, & le suivre doucement.

Confier le tout aux Intendants & aux Evêques, afin qu'ils travaillent de concert (1).

Le plus grand bien seroit d'ôter les en-

---

portent à l'étranger leur industrie ; & les forêts de Magdebourg sont aujourd'hui plantées de mûriers.

(1) Voyez dans les Mémoires du Comte de Boulainvilliers, bon Catholique, mais citoyen, ce que l'on doit attendre de la sagesse des Intendants. *Il périt*, dit-il, *lors de la révocation, cent mille hommes, qui furent immolés pour justifier la conduite d'un Intendant ; & de ce nombre, il y en eut la dixieme partie qui fut la proie des flammes, de la roue & des gibets.* Quant aux Evêques, ils sont juges & parties, & la plupart persuadés qu'il est bon d'employer la force pour contraindre les Hérétiques à profaner les Sacrements. Le seul Evêque de St. Pons condamna les communions forcées.

fants à leurs familles : mais il faut accompagner ce deffein de beaucoup de difcrétion (1).

On pourroit dans un temps de paix commencer par les pauvres, faire des hôpitaux dans chaque Province, y recevoir les enfants que les parents y voudroient mettre, les traiter avec ménagement, les inftruire avec grand foin, & les faire voir à leurs proches, qui feroient fort adoucis par le bonheur de leurs enfants :

Recevoir les garçons dans les Cadets, & les filles dans les Couvents.

L'inftruction folide qu'on donneroit dans toutes les Provinces, feroit auffi utile aux anciens Catholiques, qu'aux nouveaux convertis.

―――――――――――

(1) Ravir les enfants à leurs peres, c'eft ravir à la nature fes premiers droits, à la fociété, fes plus facrés principes, au cœur, fes fentiments, à la confcience, fes devoirs les plus effentiels, à la Religion, les exemples de la primitive Eglife. En vain on dit pour excufer ces enlévements, qu'on arrache ces enfants du fein de leur mere pour leur procurer les biens fpirituels : c'eft s'attribuer un droit réfervé à Dieu feul ; & c'eft un axiôme de la morale Chrétienne, que pour faire un plus grand bien, il n'eft pas permis de commettre le plus petit mal. Les perfécuteurs en font encore aux éléments.

Il faudroit charger de ce détail des personnes d'un caractere modéré, d'un bon esprit, d'une piété sûre, qui rendroient compte des choses importantes au Secretaire d'Etat de la Province, & qui régleroient toutes les autres avec zele & avec intégrité.

Il faudroit pour cela des millions. Mais des millions ne pourroient être mieux employés, soit qu'on regarde ce projet en politique, soit qu'on l'envisage en Chrétien (1).

―――――――――――

(1) Des millions seroient plus utilement employés à rétablir des Temples, qu'à convertir un peuple qui n'a pu être converti par 70 ans de Catéchisme & d'oppression. Les rigueurs doivent-elles être éternelles ? Les opinions peuvent-elles se persuader par le fer & par le feu ? Les fautes du regne passé doivent-elles être la regle de celui-ci ? Les hommes en place traiteront-ils toujours de rebelles un peuple, qui, depuis 140 ans, est docile, soumis & malheureux, que Madame de Maintenon n'eût point calomnié, si elle eût lu avec attention l'*Histoire Universelle* de son grand-pere, & qui lors de l'invasion des Autrichiens en Provence, offrirent au Roi trente mille hommes pour les repousser ? Un projet pour remédier à tant de maux, seroit digne de l'attention des meilleures têtes de l'Etat ; mais il ne faudroit point qu'il fût discuté par les Prêtres.

Hélas ! ils ont des Rois su tromper le plus sage.

N°. XII.

DIALOGUE

De l'Impératrice PULCHERIE *avec un* SOLITAIRE, *traduit du Grec, à l'usage de Me. la Duchesse de* BOURGOGNE (1).

PUlcherie, fille de l'Empereur Arcade, naquit en 399. Elle eut pour frere, Théodose, appellé le Jeune, né l'an 401, & trois sœurs. Elle perdit sa mere à l'âge de cinq ans, & son pere à l'âge de neuf. Théodose la déclara Auguste le

---

(1) Le Roi avoit chargé Me. de Maintenon d'élever Me. la Duchesse de Bourgogne. Voici ce que Mr. de Chartres lui écrivoit là-dessus. » La
» Princesse n'est pas indifférente à l'Etat, à l'E-
» glise, au Roi, au service de Dieu. Je vous
» renvoye donc, Madame, à votre premiere vo-
» cation, puisque Dieu ne vous a certainement
» mise à la Cour que pour travailler au salut
» des Princes, qui est le plus grand bien dans
» lequel tous les autres sont enveloppés. Vous
» vous trouverez par-là un peu plus dans le mon-
» de. Mais c'est pour Dieu que vous y formez
» une Reine à venir, une Reine qui pourra
» sanctifier le Roi futur & son Royaume. Quel-
» que dangereux, quelque embarrassant que soit
» le monde, on peut y aller dans un tel esprit,

14 de Juillet l'an 414. A quinze ans, elle gouverna l'Empire, avec toute la sagesse des politiques les plus consommés.

Un jour, lasse des grandeurs, des affaires & des plaisirs, elle alla consulter un Solitaire, dont la piété étoit renommée dans tout l'Orient. Je l'y suivis, & voici ce que j'entendis.

PULCHERIE. Serviteur de J. C., qui consumez vos jours dans les exercices pénibles d'une vie sainte & pénitente, qui passez les nuits à louer le Seigneur, à le remercier de ses bontés, à méditer sa parole : ô vous ! qui avez plus de commerce avec le ciel qu'avec la terre, dissipez, je vous prie, mes doutes par les lumieres de votre sagesse, & affermissez par vos avis ma volonté chancelante dans le bien. Je devrois être la plus heureuse Princesse du monde. Je suis encore dans la premiere

---

» & pour une telle affaire, sur-tout, quand on
» est dans les dispositions où Dieu vous met.
» Si tout ce que vous faites auprès du Roi, de la
» Princesse, & de St. Cyr, a rapport à Dieu
» par la pureté de l'intention, le Roi, la Princesse, & St. Cyr, sont une véritable priere.
» Si vous ne faites les choses inutiles, que pour
» être en état d'être écoutée dans les choses
» utiles, vous priez même dans ces inutilités. »

premiere jeuneſſe ; je me vois maîtreſſe de l'Univers à l'âge où l'on obéit encore. Mon frere Théodoſe m'aſſocie à toute ſa puiſſance. Je ſuis environnée d'une nombreuſe Cour, empreſſée à me plaire. J'habite un Palais, où tout me rappelle la grandeur de mes ancêtres. Conſtantin & le grand Théodoſe l'ont enrichi des dépouilles des Nations vaincues. Ma capitale eſt placée dans la ſituation la plus avantageuſe, comme pour commander à l'Europe & à l'Aſie. Mes richeſſes ſont immenſes. Ce que l'Univers a de plus rare ſe trouve dans mes tréſors. Tous les Arts ſont à mes ordres, obéiſſent à mes deſirs, préviennent même mes caprices. Je mange, je m'endors, je me réveille au ſon des voix les plus mélodieuſes. Les jeux, les graces, & les ris accompagnent mes pas. Au milieu de tout cela, je m'ennuye : rien ne me plaît : dégoûtée d'un amuſement, j'en cherche un autre plus vif. A peine l'ai-je goûté, que j'en ſuis raſſaſiée. Je cours après un troiſieme : j'en trouve mille : aucun ne me ſatisfait. Je rencontre par-tout le chagrin & l'ennui.

LE SOLITAIRE. Je n'en ſuis point ſurpris, ô Princeſſe! Salomon, comme vous, comblé de richeſſes & de gloire, comme vous dans une brillante jeuneſſe, comme vous dans l'abondance & dans les plaiſirs, Salomon s'ennuyoit comme vous. Et comme ſi tout ce qui flatte l'homme étoit fait pour le rendre malheureux, il s'écrioit, que tout étoit vanité & affliction d'eſprit. Dieu vous deſtine à des plaiſirs plus ſolides. Ce n'eſt point pour vivre dans la molleſſe, qu'il vous a donné une ame grande & forte : c'eſt pour un bonheur plus digne de l'excellence de la nature humaine.

PULCHERIE. Il faut donc que je renonce aux plaiſirs !

LE SOLITAIRE. Non, Princeſſe : il en eſt de légitimes, de permis ; & dans la plupart, l'excès ſeul eſt nuiſible : Dieu nous les a donnés pour notre délaſſement. Quand nous en faiſons notre occupation, ils deviennent les plus cruels ennemis de notre bonheur. Dès que nous paſſons les limites que la raiſon preſcrit, le plaiſir devient une peine, l'intempérance détruit la ſanté, & chaſſe loin de nous le tranquille ſommeil. La fureur du jeu nous rend cruels aux autres, & inſupportables à nous-mêmes. La paſſion de la chaſſe épuiſe le corps & l'eſprit. Mais ſi nous paſſons les bornes preſcrites par la Loi de Dieu, nous entaſſons peines ſur peines. Le remords, vengeur du crime, nous pourſuit par-tout. La penſée d'un Dieu, qui voit tout, nous attriſte, au-lieu de nous conſoler. L'idée ſeule de la mort nous épouvante. La certitude d'une autre vie nous afflige, au point que nous ſouhaiterions que notre ame ne fût pas éternelle, de peur qu'elle ne ſoit éternellement punie. Ne vous étonnez donc pas, ô Princeſſe! de ces dégoûts. Dieu vous les envoye pour vous avertir des pieges que vos paſſions vous tendroient. Il veut que vous vous défiiez des plaiſirs, afin de vous en détacher.

PULCHERIE. Mais, dites-moi, vénérable vieillard, pourquoi je les aime encore tant, quoique j'en ſois ſi dégoûtée?

LE SOLITAIRE. On n'arrive pas du premier vol au ſommet de la montagne. On commence à ſe laſſer des plaiſirs : enſuite on en reconnoît le vuide : puis on en deſire d'autres, & enfin l'on aime les ſeuls qui puiſſent remplir notre ame.

PULCHERIE. Je ſais que dans un avenir plus heureux qui nous attend, nous goûterons un plaiſir parfait, infini, éternel. Mais dans cette vie-ci, dois-je renoncer au bonheur? La vertu conſiſte roit-elle à devenir sauvage, à vivre dans un silence triste & morne ? j'aimerois autant mourir ?

LE SOLITAIRE. La vertu ne condamne point les plaisirs innocents. Une Princesse Chrétienne peut en prendre pour conserver sa santé, pour entretenir la vigueur de son esprit qu'une trop longue application jetteroit dans l'épuisement, pour lier, pour unir les personnes qui l'accompagnent, pour arracher ses Courtisans aux plaisirs criminels. La piété n'est point farouche : elle est la charité même : & la charité est douce, humaine, complaisante. Le grand Théodose, votre aïeul, dans le temps de sa pénitence, dans la plus vive amertume de sa douleur, essuyoit de temps en temps ses larmes, & présentoit aux Seigneurs qui l'environnoient un visage gracieux & riant. Il se permettoit quelques plaisirs par un esprit de charité, afin d'unir les cœurs pour le bien de l'Empire, & par un esprit d'humilité, pour montrer qu'il étoit bien éloigné de mépriser les hommes, quoique ses sujets. Vous savez combien ces ménagements rendirent son regne glorieux, & sa personne aimable.

Mais il y a des plaisirs bien plus précieux & plus estimables, des joies que le St. Esprit forme dans les cœurs, & que lui seul peut décrire, des consolations célestes que J. C. répand dans l'ame. Quiconque les a goûtées une fois veut les goûter encore, & ne veut goûter autre chose.

PULCHERIE. Vous me parlez de saintes voluptés. Mais qui les a éprouvées? Ne sont-ce pas de pieuses rêveries, ou bien des pieges tendus par les justes à la crédulité de ceux qu'ils veulent amener à la perfection par l'attrait du plaisir? L'Apôtre a-t-il connu ces joies intérieures? J'ai besoin d'une autorité aussi respectable que la sienne, pour ne pas rejetter comme une chimere ces plaisirs dont j'entends souvent parler aux dévotes de ma Cour.

LE SOLITAIRE. Vous ne pouviez choisir un meilleur Juge. Ecoutez-le donc, ô Princesse! *Le Royaume de Dieu*, dit-il, *est la paix & la joie dans le St. Esprit.* Faites attention à ces paroles: *la paix & la joie.* Il y a donc une *paix* & une *joie* que le St. Esprit forme? Il avoit goûté ce qu'il enseigne. *Je suis comblé de joie*, dit-il dans un autre endroit: je nage dans la joie au milieu de mes souffrances: à proportion que mes souffrances augmentent & se multiplient, à proportion ma consolation augmente par J. C. Il faut que ces consolations soient bien touchantes & bien sensibles, puisque St. Paul est comblé de joie dans la plus violente des persécutions qu'il souffroit à Ephese, où il nous dit qu'il attendoit à chaque moment la mort, que la vie lui étoit devenue ennuyeuse, qu'il avoit à combattre contre des hommes aussi cruels que des bêtes. Les mondains ne connoissent pas ces vérités. Qu'ils sont dignes de compassion ! Ils courent toute leur vie après un fantôme qui leur échappe : ils changent de plaisirs, ils les outrent, ils les portent à l'excès, ils ne sont jamais contents; ils ne connoissent pas la vérité; ils préferent le faux éclat d'un verre fragile, au diamant solide & précieux. Dans notre solitude, nous passons une partie de notre vie à déplorer ce malheur ; & nous demandons à Dieu dans toutes nos prieres, qu'il les détrompe, qu'il leur fasse connoître les vrais biens, & sur-tout qu'il éclaire les Princes qui sont l'exemple de la terre. Ces divines douceurs n'ont-elles jamais sollicité votre cœur dans l'innocence de votre Baptême, pendant vos prieres, en recevant la sainte Eucharistie ? N'avez-vous jamais reçu quelque goutte de la rosée céleste ? En écoutant une exhortation, votre cœur n'a-t-il point été ému ? n'avez-vous pas pu dire comme les pélerins d'Emmaüs : *Notre cœur n'étoit-il pas tout brûlant, pendant qu'il nous parloit, & qu'il nous expliquoit les Ecritures ?*

PULCHERIE. Dans ces moments où J. C. se présente à nous avec toutes les marques de son amour, les ames les plus dures seroient attendries. J'ai souvent senti des mouvements de joie en approchant de nos saints mysteres. Mais cette joie duroit peu, & je retombois vîte dans ma tiédeur pour les choses célestes.

LE SOLITAIRE. Il me paroît, autant que je puis avoir de discernement des ames, que vous êtes prévenue de la grace de Dieu. Mais craignez, ô grande Princesse ! que la contagion du siecle, la vivacité des passions, la légéreté de la jeunesse, l'envie de plaire si naturelle à votre sexe, les occasions de pécher si fréquentes dans votre place, l'attachement à une beauté fragile, qui est une vraie idolâtrie, ne soient un obstacle aux desseins que la Providence a sur vous. Craignez que les vains applaudissements que la Cour donne aux imperfections mêmes des Princesses, ne soient les épines qui étouffent en vous les fruits que vous devez porter. Vos flatteurs appelleront bienséance, l'attachement aux vanités ; dignité, l'amour excessif de vous-même ; la gourmandise, bon goût ; la fierté & les airs méprisants, noblesse & grandeur d'ame. La mollesse, l'oisiveté, la paresse, seront pour eux des vertus. Ils déguiseront tous les vices, ils les couvriront de noms aimables : & une attention continuelle sur soi-même, peut à peine garantir d'être enchanté par eux. On prend goût à leurs adulations ; on néglige la priere, on dédaigne la lecture, on abandonne les affaires, on communie par bienséance, sans goût, sans foi, sans amour ; on décide de tout sans rien examiner ; on cherche plutôt à se débarrasser des affaires de l'Empire qu'à les finir ; on fait tomber sur les plus protégés toutes les graces qui devroient appartenir aux plus habiles & aux plus sages ; on perd la grace ; on perd le cœur de ses sujets ; on est flatté & méprisé tout à la fois par le Courtisan ; le Clergé, si propre à retenir les peuples dans le devoir & dans le respect, regarde avec indifférence une Princesse indifférente pour la Religion ; l'ame dépouillée de ses armes célestes succombe à toutes les tentations, & devient la proie du vice.

PULCHERIE. Dieu me préserve de ce malheur ! J'ai reçu bien des graces. Je ne les ai pas ménagées comme je devois. Encore à présent je me sens touchée. Je me rappelle les leçons du bienheureux Attique, Evêque de cette ville. Il m'a toujours dit la vérité, comme vous me la dites. J'aime à entendre parler de Dieu : & souvent quand on en parle, des larmes de joie coulent de mes yeux. Il est si grand, il est si bon, il m'a comblée de tant de bienfaits en cette vie ! il m'en prépare tant dans l'autre ! Qui ne seroit touché ? Mais toutes mes journées ne se ressemblent pas. Il en est où j'aime à lire, à prier, où je prends les résolutions les plus sages, où je m'occupe de mes devoirs avec goût. Il en est d'autres où je suis emportée par la jeunesse, par le plaisir, par la dissipation, par l'exemple. Je vois le bien, je l'aime, je desire de le pratiquer, & je n'en ai pas la force. Je voudrois qu'une main toute-puissante & propice m'arrachât aux faux plaisirs que je cherche, & m'attachât à Dieu que je fuis. Je sens que ce ne sera qu'avec Dieu que je serai parfaitement heureuse. Je veux l'être. N'y a-t-il aucun moyen pour fixer ma volonté ?

LE SOLITAIRE. Dieu vous aime, &
F v

les graces qu'il vous a faites vous le difent assez. Dieu vous aime ; mais si vous êtes sourde à ces premieres invitations, tremblez qu'il ne vous abandonne. Il aimoit Jérusalem ; il la visite, il la presse, il l'exhorte, il pleure sur son incrédulité, il l'abandonne enfin : & que devint-elle ? C'est résister à Dieu, que de ne pas suivre les premiers mouvements qu'il inspire. Et que n'avez-vous pas à craindre en lui résistant ? Songez qu'il n'a pas besoin de vous, qu'il ne veut que vous l'aimiez que pour votre bien. Il vous recherche, & vous fuiriez ! Vos flatteurs peuvent vous dérober à ses bontés prévenantes : votre Trône, votre Palais, votre armée ne peuvent vous dérober à sa Justice. Vous paroîtrez un jour seule devant lui. Plus de distinction, plus de Courtisans, plus de louanges. Une paysanne fervente sera plus grande que l'Impératrice qui a négligé ses devoirs. Il est encore temps, ô Princesse ! de vous donner à lui. Mais chaque moment que vous différez, est un moment que vous ôtez à votre sûreté.

PULCHERIE. Oui, je suis résolue à remplir tous mes devoirs. Je n'ai que trop tardé, & je regrette tous les jours que je n'ai pas donnés à la vertu. Je me donne à Dieu sans réserve. Que mon cœur ne brûle que pour lui, que mon esprit ne soit occupé que de ses bontés. Je veux employer toute l'autorité qu'il me donne, pour le faire adorer. Je n'oublierai rien pour porter tous les peuples de cet Empire à l'aimer. Mais, je vous prie, quelle regle pourrois-je suivre ?

LE SOLITAIRE. On ne peut se soutenir dans le bien, si l'on ne s'assujettit à une regle fixe, qui y rappelle sans cesse. Par-là, on peut juger de ses progrès ou de son relâchement. Car il faut toujours tendre à la perfection. L'amour de Dieu est une flamme qui s'éteint, si elle ne s'augmente. Recevoir les Sacrements, prier, lire la parole de Dieu, voilà à quoi peuvent se réduire vos exercices de piété. Recevoir les Sacrements, non par bienséance, ni par coutume, mais pour soutenir votre foiblesse, pour enflammer votre cœur, pour le remplir de J. C. Lire la parole de Dieu, où sont tracés les devoirs de tous les hommes par le doigt même du St. Esprit. Prier en particulier pour s'humilier devant Dieu. Prier en public, pour édifier le peuple, & pour obtenir plus facilement les graces promises aux fideles réunis. Pourquoi une Princesse se priveroit-elle du secours si efficace de la priere publique, qui fait à Dieu une violence agréable? Quoi qu'en difent les hommes, il n'eſt point honteux, même à leurs yeux, d'avoir une vraie piété.

PULCHERIE. Je ſuis pénétrée de ces vérités. Mais comment unir ces exercices avec mes obligations? Mon premier devoir n'eſt-il pas de ſonger à la ſûreté, à l'ordre, au bonheur de l'Empire que Théodoſe mon frere a confié à mes ſoins?

LE SOLITAIRE. Un devoir n'eſt point oppoſé à l'autre; & s'il l'étoit, il ceſſeroit d'être un devoir. Dieu, qui a fait tous les Etats, a preſcrit à chaque Etat ſes vertus & ſes exercices particuliers. Une Impératrice eſt chargée de mille affaires accablantes : tout ſon temps eſt à ſes peuples. Mais on en a toujours de reſte, quand on ſait le ménager. Réglez vos heures; diſtribuez votre journée. La priere doit être placée avant tout : eh! ſans le ſecours de Dieu, que pouvez-vous faire? Avant que votre appartement ſoit ouvert, il vous eſt facile de fléchir le genou, de penſer à ce que vous êtes, à ce que vous ſerez un jour, aux bonnes œuvres que vous avez à faire, au compte que vous avez à rendre, aux paſſions que vous avez à combattre, au bien que vous avez négligé, au bien qui est le plus pressant, aux pieges qui vous seront tendus, aux moyens de les éviter. Vous trouverez dans la priere, des forces pour vous soutenir contre la corruption, & contre les conseils de l'amour-propre. Assujettissez-vous, ô Princesse! à cette pratique; & l'expérience vous dira combien elle est utile.

PULCHERIE. Vous avez mis en moi une nouvelle lumiere. Je suis déterminée à me laisser conduire par elle. J'aurois bien d'autres questions à vous faire. Je les réserve pour un autre entretien. En attendant, priez le Seigneur, qu'il m'affermisse dans mes résolutions, & qu'il bénisse mon peuple.

N°. XIII.

VERS de M. le Duc de BOURGOGNE.

DRACO (1)! vous donneriez des loix à l'Univers.

Pour vous divertir, pour vous plaire,

---

(1) Nom d'une Héroïne de Roman, qu'on donnoit quelquefois en plaisantant à Me. la Duchesse de Bourgogne.

Que ne feroit-on pas, que ne peut-on pas faire,
  Puisque votre époux fait des Vers?
Mais, le verre à la main, pour chanter ma Déesse,
  Vainement j'invoque Bacchus;
Toujours environné de ses Faunes trapus,
  Je n'obtiens rien de mon ivresse.
O toi, Latonien, descends du sacré mont!
  Fais éclore de ma pensée
Des Vers, tels que tu fais, sur la chaise percée,
  En dicter à la belle Osmond (1).
C'est vous, DRACO, c'est vous, qui d'un naissant délire
  Rompez le charme impérieux.
  Je vous vois, je me tais, j'admire :
Si je vous aimois moins, je vous chanterois mieux.

LE DÉCALOGUE

DE LA FEMME DE COUR,

par Me. de MAINTENON.

De ton Roi ton Dieu tu feras,
  Et le flatteras finement.

---

(1) Mlle. d'Osmond, à laquelle on avoit défendu de faire des Vers, en faisoit dans le cabinet secret.

Le Dimanche la Meſſe ouiras,
Pour montrer ton ajuſtement.
Quand ton profit tu trouveras,
Tu communieras ſouvent.
Pere & mere tu ne verras
Que tout le plus une fois l'an.
La nuit & le jour paſſeras
Au bal, à la chaſſe, au brelan.
Ton mari cocu tu feras,
Et ton bon ami mêmement.
A table, en ſoudart, tu boiras
De tous vins généralement.
Ton crédit à tous tu vendras,
Quoique tu n'en aies nullement.
Réflexions point ne feras,
De peur de penſer triſtement.
Mais quand mourante tu feras,
Tu recourras au Sacrement.

N°. XIV.

TÉMOIGNAGES.

Extrait (1) d'un Recueil de lettres manuſcrites de Jean-Paul Marana, Au-

---

(1) Ceci m'eſt fourni par M. du Radier, Avocat au Parlement, Auteur de la *Bibliotheque du Puitou*, où il a ſi bien éclairci la littérature de ſa Province.

teur de l'*Espion Turc*, lettre troisieme du manuscrit, partie premiere, p. 93. L'Auteur, après avoir parlé de l'établissement de St. Cyr, & des avantages qui en résultoient pour l'Etat & pour la Religion, parle du mérite des Dames qui brilloient à Paris & à la Cour. *Tante belle qualità,* ajoute-t-il, *in universale delle donne, sono quasi oscurate da una sola donna particolare, che ha havuto i suoi natali nel mondo nuovo* (1). *E'questa la signora Marchesa di Mentenon, che fece le delizie dello spirito del Rè colla purità de suoi straordinarii talenti, & coi suoi costumi innocenti & ingenui. Le di lui più inferiori qualità sono uno studio particolare di non far mai male ad alcuno, è di far bene à tutti, senza mai importunare il Rè di alcuni grazia, solo studiosa di rendersi necessaria alla benevolenza & alla stima del Principe, col silenzio, colla modestia è colla discrezione, che sono le tre qualità che Socrate desiderava nelle donne nobili è ben morigerate.* C'est-à-dire : » Tant de belles qualités » dans toutes ces Dames sont comme

―――――――――――――――――

(1) Marana parle ici, suivant l'opinion commune. Cet éloge est d'un grand poids. On connoît l'esprit satyrique de cet Italien.

» éclipsées par le mérite d'une seule,
» que le nouveau monde a vue naître,
» je veux dire, Me. la Marquise de Main-
» tenon, qui a su faire les délices du Roi
» par des vertus aussi pures que rares,
» & par une droiture de cœur extrême.
» Ses moindres qualités sont un entier
» éloignement à faire du mal à qui que
» ce soit, & une sincere inclination à faire
» du bien à tout le monde, sans jamais
» importuner le Roi, en lui demandant
» des graces. Toute son attention est de
» ne pas déplaire au Prince qui la ré-
» vere & qui la chérit, & de se renfer-
» mer dans les bornes du silence, de la
» modestie & de la discrétion qu'elle
» s'est prescrites : qualités que Socrate
» demandoit à une femme bien née &
» bien élevée. "

Extrait des Lettres du Comte de Bussy.
» Jamais femme n'a été si universellement
» aimée que Me. de Maintenon. Et il
» faut qu'elle ait autant de bonté, que
» d'autres grandes qualités. Car d'ordi-
» naire le mérite, sans celle-là, attire
» plus d'envieux que d'amis : & tout le
» monde a été ravi de ses prospérités.
» Il faut dire aussi la vérité ; quelque
» grande que puisse être sa fortune, el-
» le sera toujours au - dessous de sa
» vertu. "

Bref du Pape de 1683. Bref de 1688. Bref d'Alexandre VII. Cette derniere piece est très forte. Après un fort grand éloge, où le St. Pere s'exprime en ces termes: *Præstantes ac magnopere commendabiles nobilitatis tuæ dotes*, il la prie d'accorder à l'Abbé Trevisani, porteur du Bref, sa faveur & toute l'assistance possible à la Cour de France, où ses grandes qualités lui avoient acquis avec justice un crédit généralement approuvé. Il lui recommande ensuite les intérêts du St. Siege. *Illud vicissim à te petimus ut prædicto filio eâ gratiâ quâ apud omnes ordines, ob supra memoratas dotes ac prærogativas tuas merito istic obtines, diligenter adesse velis. Nec minori contentione à te flagitamus, ut filialem tuam ergà sanctam hanc sedem observantiam, quotiescunque opus fuerit adimplere satagas, ejusdem sedis rationes impensè promovendo.* C'est-à-dire : *Nous vous demandons aussi de ne pas refuser vos secours à notredit fils, l'Abbé Trevisani, & à lui accorder les effets de cette faveur que vous vous êtes si justement acquise auprès de tous les ordres de l'Etat, par ces rares vertus & ce grand mérite dont nous venons de parler. Nous vous demandons aussi avec empressement des preuves de votre attachement & de votre respect filial pour* le St. Siege, dans toutes les occasions qui peuvent se présenter, en procurant ses avantages, autant qu'il dépendra de vous.

Madame de Maintenon reçut en d'autres temps divers autres Brefs. Mais elle supprima les uns : & les autres ne disent rien d'intéressant.

N°. XV.

INSTRUCTION *à des Démoiselles de St. Cyr, qui avoient fait leur premiere Communion.*

JE voulois, mes enfants, vous entretenir hier. Je n'en eus pas le temps. Je vous prends aujourd'hui pour vous féliciter du bonheur que vous avez eu de communier ce matin, & pour voir si vous comprenez bien toute la grandeur de l'action que vous venez de faire. On a pris tous les soins possibles pour vous y bien préparer. Mais comptez, mes très-chers enfants, qu'il faudra toute votre vie y apporter les mêmes dispositions, le même desir, le même amour, la même ferveur. Plus vos Communions seront fréquentes, plus il faut que ces saintes dispositions croissent en vous. Souvenez-

vous bien de ne vous familiariſer jamais avec les Sacrements : rien ne ſeroit plus dangereux. Approchez-en la millieme fois avec ce reſpect, & ce ſaint tremblement, qui m'a ſi fort édifiée ce matin. Je voudrois que vous viſſiez le Roi, comme il montre ſa foi dans cette occaſion : tout le monde eſt pénétré de le voir approcher de la ſainte Table : il paroît, il eſt anéanti devant Dieu. Il doit l'exemple de piété à ſes ſujets : & je vous aſſure qu'il le donne bien. Nous avons une jeune Princeſſe de dix ans, qui vient auſſi de faire ſa premiere Communion. Elle fut, quelques jours auparavant, préſentée au Roi dans ma chambre : il lui recommanda avec une piété & un zele admirables de bien prendre garde à ce qu'elle alloit faire, d'en comprendre toute l'importance, & d'y apporter toute l'attention poſſible. J'étois charmée de l'entendre ; & comme je n'ai aucun plaiſir que je ne veuille partager avec vous, je l'écoutois attentivement pour vous le répéter. La Princeſſe l'écoutoit auſſi d'un air reſpectueux & touché. Je lui dis : » Songez, Princeſſe,
» à bien conſerver la piété dans laquelle
» vous êtes élevée : fortifiez-vous con-
» tre les railleries qu'on vous fera ſur
» vos exercices de dévotion. " Elle ré-

pondit : » Il y en a déja beaucoup qui
» s'en moquent. Comment ? dit le Roi,
» il fe trouveroit des gens qui fe moque-
» roient de votre piété ? Oui, répondit-
» elle, on me raille, quand je vais à
» confeffe." Je dis au Roi : » Ce fera af-
» furément un grand miracle, fi cette Prin-
» ceffe perfévere dans le bien. " Priez
Dieu pour elle, mes enfants, & goû-
tez le bonheur d'être excitées ici à la
piété, bien-loin d'en être détournées par
qui que ce foit. Vous ne devez plus vous
regarder comme des enfants : votre conduite doit être à préfent raifonnable. Que
vous ferez heureufes à l'heure de la mort,
& même dans tout le cours de votre vie,
fi votre confcience vous rend témoignage,
que depuis votre premiere Communion,
vous n'avez fait que des fautes d'inadver-
tance, & pas une volontaire! Vous paroî-
triez devant Dieu avec une grande confiance, & vous auriez fujet d'efpérer d'en
être bien reçues. Il y a trois chofes que
je vous recommande d'une maniere toute
particuliere, perfuadée qu'en ce grand jour
vous y ferez plus d'attention : l'horreur
du péché, la préfence de Dieu, & la
docilité.

Qu'entendez-vous, Parthenai, par l'horreur du péché?

C'est, dit la Demoiselle, ce sentiment qui nous porte à le fuir de toute nos forces.

Oui, dit Me. de Maintenon : & voilà ce que nous devons faire à l'égard de tout ce qui est péché. Craignez-le, mes enfants, haïssez-le toute votre vie. Quand il se présentera à vous, songez combien il déplait à Dieu. Je me souviens que lorsque Me. la Duchesse de Bourgogne, qui étoit à peu près de votre âge, arriva en France, elle paroissoit indifférente pour toutes sortes de plaisirs : elle ne se soucioit pas plus des honneurs & des richesses. Mais quand je lui disois : » Madame, il » y a du mal à cela, " elle reprenoit avec une grande vivacité : » Il y a du mal ? » Dieu me préserve de le faire ! " Et au milieu de son insensibilité pour tout, j'avois le plaisir de lui voir toujours le même mouvement de vivacité, & de l'arrêter tout court par la seule crainte du péché. Voilà comme je vous desire, mes cheres filles, & que vous ajoutiez à cette heureuse disposition la pratique de la préfence de Dieu, qui vous entretiendra infailliblement dans cette horreur du péché que je vous recommande.

Montfalcon ! savez-vous ce que c'est

que la pratique de la préfence de Dieu?

Oui, dit la petite Demoifelle : c'eft de penfer toujours à lui.

Nous ferions, reprit Me. de Maintenon, nous ferions trop heureufes de penfer toujours à Dieu fans aucune diftraction. Tant de bonheur n'eft pas fait pour cette vie. Je ne vous demande pas même encore de chaffer avec une continuelle vigilance tout ce qui pourroit vous diftraire de penfer à Dieu. C'eft affez pour votre âge, de commencer par offrir à Dieu le matin tout ce que vous ferez dans la journée : ne faites rien qui ne foit digne de lui être offert. Elevez votre cœur vers lui de temps en temps. Adreffez-lui de courtes prieres, au milieu de vos autres occupations. Si l'occafion fe préfente de faire quelque chofe qui lui déplaife, abftenez-vous-en en difant en vous-même : Dieu me voit, Dieu m'entend : cela me fuffit. S'il vous arrive quelque bonheur ou quelque peine, recevez l'un & l'autre comme de la main de Dieu : s'il vous furvient quelque affaire embarraffante, recourez à lui comme à votre pere, confultez-le comme votre maître. Vous trouvez peut-être étrange, qu'à votre âge je vous parle de la préfence de Dieu. Je vous affure, mes chers enfants, que vous ne pouvez trop vous y accoutumer. Regardez Dieu en tout : reconnoissez sa main, qui agit toujours sur nous. Rien ne se fait sans sa permission : c'est lui qui fait que je vous parle, & que vous m'écoutez : c'est lui qui vous a conduites dans cette maison pour vous rendre de bonnes Chrétiennes : c'est lui qui ordonne tous les événements de la vie des hommes. Il faut donc rapporter tout à celui qui est auteur de tout.

La troisieme qualité que je souhaite à mes filles, c'est la docilité : je voudrois bien savoir ce que vous entendez par la docilité. C'est, répondit Mlle. de Moléon, cette vertu qui nous porte à obéir à tous ceux qui ont quelque autorité sur nous.

Fort bien, reprit Me. de Maintenon. Cette docilité convient à tout âge : & c'est ce que Notre-Seigneur recommandoit à ses Apôtres, lorsqu'il leur disoit : *Si vous ne devenez comme des enfants, vous n'entrerez point dans le Royaume de Dieu.*

Il faut obéir à vos Maîtresses, à votre Confesseur. Il faut embrasser avec joie tout le bien qui vous est recommandé, ou inspiré, ou prescrit. Ayez donc le cœur & l'esprit docile & soumis.

mis. Conservez cette disposition jusqu'à la mort.

Mademoiselle de la Jonchapt lui ayant demandé s'il falloit communier souvent, Madame répondit : le plus souvent qu'on peut, pourvu que ce ne soit pas par routine. Je puis vous assurer que dans le monde même, les personnes qui ont un peu de soin de leur salut, ne mettent pas ordinairement plus d'un mois de distance entre leurs Communions. Mr. le Duc de Bourgogne se confesse tous les quinze jours, & communie tous les mois. C'est la regle que St. François de Sales prescrit aux séculiers. Le Roi & la Reine d'Espagne communient aussi tous les mois, & avancent ou reculent seulement cette Communion de quelques jours, selon les fêtes qu'ils rencontrent. Je vous nomme ces personnes-là, qui semblent devoir être éloignées, par état, de la fréquente Communion, pour vous convaincre que c'est-là la pratique de tous les bons Chrétiens, & pour vous prévenir contre les railleries des gens du monde. Laissez dire les mondains ; & suivez toujours le plan d'une vie vraiment chrétienne. Les saints Evêques, à qui je fais voir quelquefois votre maison, me disent souvent qu'ils sont étonnés, que menant une vie si innocente, vous communiez si rarement. A cela je réponds, que vous n'êtes pas toutes destinées à être Religieuses, que plusieurs de vous retourneront dans le monde, & que je crois plus convenable, en faveur de celles-là, de vous faire prendre une habitude que vous puissiez continuer, dans quelque condition que vous soyez appellées, & que j'aime beaucoup mieux que vous ayiez alors à augmenter le nombre de vos Communions, à mesure que votre piété croîtra, qu'à les diminuer. Je suppose toujours, en vous parlant ainsi, une vie vraiment Chrétienne. Car si vous étiez assez malheureuses pour oublier tous les bons principes qu'on vous donne ici, & pour vous livrer aux plaisirs, à la vanité, aux jeux, aux spectacles, en un mot, à une vie toute mondaine, il faudroit bien nécessairement diminuer vos Communions. Je prie Dieu de vous préserver de ce malheur. Mais du moins, vous aurez toujours un Confesseur arrêté. C'est alors qu'il faut prendre ses avis & les suivre. C'est le seul moyen de rentrer dans votre devoir. Mais le moyen de vous y maintenir, est votre Communion de chaque mois. Faites-les toujours, comme si chacune devoit être la derniere de votre vie; & vous ferez sûrement un grand amas de graces, de forces, & de secours pour le temps à venir. Mon Dieu! mes enfants, que tant de Communions bien faites vous rendront fermes & courageuses pour le bien! qu'elles vous seront utiles pour la suite de la vie! qu'elles vous obtiendront de graces pour vous garantir des périls où vous vous trouverez exposées! Il est sûr, qu'accoutumées à approcher souvent des Sacrements, si vous étiez quelque temps sans en approcher, vous y seriez rappellées en sentant intérieurement que quelque chose vous manque. Mais j'aime mieux espérer qu'aucune de vous ne s'éloignera jamais de cet auguste Sacrement, & que vous conserverez toutes les saintes habitudes que vous prenez ici. Souvenez-vous, toute votre vie, de la maniere dont vous passez les veilles de vos Communions; & faites de même, quand vous serez chez vous. Il n'y a personne dans le monde, qui ne consacre ce jour-là au recueillement; & vous ne paroîtrez point singulieres, en le sanctifiant par la retraite. Je ne puis m'empêcher de vous dire combien je suis souvent édifiée de la maniere dont la plupart des gens de guerre approchent de la sainte Table. Ils y vont les mains jointes, le corps prosterné, sans armes, & comme ravis en extase. J'eus encore ce plaisir l'autre jour ; vous auriez été aussi charmée que moi, si vous aviez vu la piété de deux Gardes-du-Corps en communiant ; piété ouverte & franche, sans respect humain, & aussi sans hypocrisie. J'en suis encore tout embaumée. Adieu, mes enfans ; vous voyez que je profite de tout ce que je vois, qui peut vous être utile.

N°. XVI.

ENTRETIENS (1)

DE MADAME DE MAINTENON.

Entretien premier.

. . . .
. . . . . Il n'est rien de plus doux, reprit Madame, que de vivre avec ses amis, & de s'entretenir avec eux à cœur ouvert. Il y a cependant une maxime d'un Auteur Payen, qui est prudente, mais que je trouve bien dure. C'est d'agir tou-

---

(1) Ces conversations furent recueillies par les personnes mêmes avec lesquelles Me. de Maintenon les avoit ; mais on n'en a que des fragments.

jours avec ses amis, comme si nous étions assurés qu'ils deviendront un jour nos ennemis. Pour moi, je me contenterois de ne leur laisser voir rien de mauvais en moi ; je tâcherois de n'avoir aucun tort en leur présence, comme en celle de ceux que j'aimerois le moins, parce qu'il peut arriver mille choses qui nous séparent, & qu'alors on est au désespoir de s'être trop fié à eux, & de leur avoir parlé sans réserve, sans compter qu'on n'est jamais aussi sûr des autres que de soi-même. Me. de Montespan & moi avons été les plus grandes amies du monde. Elle me goûtoit fort ; & moi, simple comme j'étois, je donnai dans cette amitié. C'étoit une femme pleine d'esprit & de charmes. Elle me parloit avec grande confiance, elle me disoit tout ce qu'elle pensoit. Nous comptions l'une & l'autre, que notre amitié ne finiroit jamais ; car quoique nous eussions quelquefois des querelles assez vives, elles n'alteroient point le goût que nous avions l'une pour l'autre.

Nous voilà pourtant brouillées, & brouillées irréconciliablement, & sans que nous ayions eu dessein de rompre, & même sans avoir formellement rompu. Il n'y a pas eu assurément de ma faute ; & si pourtant quelqu'un a sujet de se plaindre, c'est elle. Car elle peut dire avec vérité: c'est moi, qui suis cause de son élévation ; c'est moi qui l'ai fait connoître & goûter au Roi ; elle devient la favorite, & je suis chassée. Il est vrai aussi que j'ai bien des choses à lui répondre ; car ai-je tort d'avoir accepté l'amitié du Roi, aux conditions que je l'ai fait ? ai-je tort de lui avoir donné de bons conseils ? Me. de Montespan ne savoit-elle pas que je n'oubliois rien pour rompre ce commerce impur ? mais revenons à ce que j'ai voulu dire d'abord. Si aimant Me. de Montespan comme je l'aimois, j'étois entrée d'une mauvaise maniere dans ses intrigues, ou selon Dieu, ou selon le monde ; si au-lieu de la porter à briser ses liens, je lui avois enseigné les moyens de se conserver l'amitié du Roi, n'auroit-elle pas à présent de quoi me perdre ? ne se vengeroit-elle pas ? ne diroit-elle pas au Roi : » Cette personne que » vous estimez tant, m'a dit cependant » telle & telle chose ; elle vous prêchoit » la vertu, & à moi elle me conseil-» loit le vice ? » Il y a tant de choses qu'on entend mal, tant d'autres qu'on gâte en les ôtant de leur place, ou en les dépouillant de ce qui les environne ; il y en a tant qui échappe en certains moments de relâchements & de foiblesse, tant qui, dites avec naïveté, peuvent être mal interprétées, qu'on ne peut trop veiller sur ses paroles & sur ses actions, quand ce ne seroit que pour empêcher nos amis de prendre nos saillies pour des sentiments, & ces premieres idées que la réflexion détruit, pour l'état habituel de notre ame. Et ce n'est point là une hypocrisie ; car dans cette circonspection, il n'y a nulle ombre de fausseté ; & dans l'hypocrite, tout est faux. Il ne faut donc rien laisser voir à nos meilleurs amis, dont ils puissent se prévaloir quand ils ne le seront plus. Il est bien fâcheux d'avoir à rougir dans un temps, de ce que l'on aura fait ou dit par imprudence dans un autre. Je le disois, il y a bien des années, à Mr. de Barillon ; rien n'est plus habile qu'une conduite irréprochable ; & après bien du haut & du bas dans sa fortune, il en convint. Vous ne sauriez trop répéter cette maxime à vos enfans. Qu'ils ne donnent jamais que de bons conseils ; qu'ils agissent dans les affaires les plus secretes comme s'ils avoient cent mille témoins. Il faut un frein à la foiblesse humaine ; sans quoi il y a tant de tentations délicates où elle succomberoit. Il n'y a rien qui ne se découvre enfin ; sans compter qu'il est

G iv

plus beau de n'avoir jamais fait qu'un personnage vertueux. Quand le monde ignoreroit quelle a été notre conduite, Dieu l'ignorera-t-il ? Et quand nous ne serions pas récompensés de notre sagesse par l'estime publique, n'en sommes-nous pas payés par le bon témoignage de notre conscience ?

Puis, en se levant, elle dit : » Adieu,
» mes enfants ! je viens d'ouvrir à votre
» mere un beau champ à vous instruire ;
» & je le ferai moi-même encore de bon
» cœur, au premier moment de loisir que
» j'aurai. "

Entretien II.

(1) JE sens, me dit Me. de Maintenon, je sens une grande joie quand je vois fermer la porte sur moi en entrant dans cette solitude, d'où je ne sors jamais qu'avec peine. Souvent en retournant au Château, je me dis : Voilà, selon les apparences, voilà une partie de ce monde pour lequel Jesus-Christ n'a point prié. Le Roi est à leur tête, & cela redouble

(1) An. 1705.

mon affliction. Je fais qu'il y a de belles ames à la Cour, & que la vertu a des élus dans tous les états. Mais il eft certain qu'en général, c'eft-là ce qui s'appelle le monde ; c'en eft le centre : c'eft là où toutes les paffions font en mouvement, l'intérêt, l'ambition, la haine, l'envie. C'eft donc dans ce monde, fi fouvent maudit, que je vais ! Je vous avoue que ces réflexions me donnent un fentiment de trifteffe & d'horreur, à la vue de Verfailles. Il faut pourtant que j'y demeure. Mais, lui dis-je, qui vous y retient ? Hélas ! me répondit-elle, des liens facrés.

Il faut du moins, lui dis-je, que Dieu vous dédommage de cette contrainte par de très-grandes confolations. Mon grand confolateur, repliqua-t-elle, c'eft St. Cyr. J'avois efpéré qu'on y feroit du bien, & l'on y en fait. Cette maifon eft deftinée, ce me femble, à mon repos & à mon falut. Je ne fuis jamais plus contente, que quand je fuis ici ou là. Je ne penfe plus alors qu'il y ait une Cour. Et il eft bien doux de voir fes peines fufpendues, lorfqu'on n'a plus l'efpoir de les voir finies !

Et je lui dis : Je fuis sûre que vous étiez bien contente ce matin ; car vous avez mangé le pain des Saints, & con-

G v

versé long-temps avec Dieu. Ce qui ne vous est pas si aisé à Versailles.

Et elle me répondit : Il est vrai qu'il faut que je prenne pour mes prieres & pour la Messe le temps où tout le monde dort encore. Car quand on a commencé d'entrer chez moi, je n'ai plus un instant à moi. M. Maréchal (1) arrive à sept heures & demie, puis Mr. Fagon, qui est suivi de M. Blouin, ou de quelque autre qui envoye savoir de mes nouvelles. Ensuite M. de Chamillard, ou quelque autre Ministre ; M. l'Archevêque, un Maréchal de France qui va partir, un parent, une quantité d'autres, qui viennent à la file, & qui ne sortent point qu'ils ne soient relevés par quelqu'un au-dessus d'eux. Le Roi vient enfin. Il faut bien qu'ils s'en aillent tous ; il demeure avec moi jusqu'à la Messe. Remarquez que je suis encore en coëffure de nuit. Car si je m'étois habillée, je n'aurois pas eu le temps de faire ma priere. Le Roi revient après la messe ; ensuite Me. la Duchesse de Bourgogne, avec ses Dames. Elles demeurent-là, pendant que je dîne. Je ne suis pas alors sans inquiétude. Je suis

―――――――――

(1) Premier Chirurgien du Roi.

en peine, si Me. la Duchesse de Bourgogne ne dit ou ne fait rien de déplacé. Il faut que je l'engage à adresser quelques mots obligeants aux uns & aux autres. Je regarde si elle en use bien avec son mari quand elle y est. Enfin, comme je me suis chargée de l'élever, il me semble que je suis responsable & de tout le mal qu'elle fait, & de tout le bien qu'elle ne fait pas. Il faut soutenir la conversation, qui se meurt à chaque instant, faire en sorte d'unir les esprits, & de rapprocher les cœurs les plus éloignés. S'il échappe quelque indiscrétion, je la sens vivement, je partage la peine de ceux qu'elle blesse, & je plains ceux qui, de gayeté de cœur, nuisent à des gens qui leur sont inférieurs, mais qui, au bout du compte, sont hommes comme eux. Enfin, c'est une tension d'esprit que rien n'égale. Tout ce cercle est autour de moi ; & je ne puis demander à boire : je leur dis quelquefois en me détournant : » C'est bien de l'hon-
» neur, mais je voudrois bien un laquais. »
Sur cela, tous s'empressent à vouloir me servir, & tous sont fâchés d'être refusés. Ce qui m'est une autre sorte de tourment. Enfin, ils vont tous dîner. Et je serois libre pendant ce temps-là, si Monseigneur ne le prenoit ordinairement pour me ve-

nir voir; car il dîne souvent plutôt pour aller à la chasse. Il est fort difficile à entretenir, disant très-peu de chose, & s'ennuyant & se fuyant toujours. Il faut nécessairement que je paye, comme on dit, de ma personne, & que je parle seule pour deux. Aussi-tôt après le dîné du Roi, il entre dans ma chambre avec toute la Famille Royale, Princes & Princesses, & il s'y amuse une demi-heure. Puis il sort tout seul. Tout le reste demeure. Et il faut que je me prête encore à la conversation la plus gaie, la tête pleine de chagrins & d'inquiétudes sur tout ce qui se passe à l'armée, où tant de gens, dont les uns sont mes amis, les autres, attachés à mes amis, & qui me sont tous très-chers, parce qu'ils sont sujets du Roi, périssent, tantôt dans un siege, tantôt dans une bataille. Ajoutez quantité de méchantes nouvelles, qui tous les jours me serrent le cœur, & m'accablent d'un fardeau qui pese infiniment à ma sensibilité. Il faut que mes yeux soient sereins, quand ils sont prêts à se charger de pleurs. Il faut un air riant au milieu de tant de nouvelles affligeantes. Quand cette assemblée se sépare, quelques Dames ont toujours du particulier à me dire, & me prennent dans ma petite chambre pour me conter leurs chagrins & leurs peines. Elles veulent que j'y prenne autant d'intérêt que j'en prends aux malheurs de l'Etat. Ceux qui ne m'aiment pas me font leur confidente, comme ceux qui m'aiment. Il faut que je les serve, & que je parle d'affaires particulieres à un Prince presque accablé du poids des affaires générales. Me. la Duchesse de Bourgogne veut aussi très-souvent des tête-à-tête ; de sorte que cette vieille devient l'attention & la ressource de toute la Cour. Tous veulent que tout passe par moi. Ma condition ne se montre jamais à moi, parce qu'elle a d'éclatant, mais toujours, parce qu'elle a de pénible.

Une autre, lui dis-je, en seroit enchantée, éblouie. Ha ! bien loin d'en être éblouie, reprit-elle, je ne puis me regarder que comme un instrument dont Dieu daigne se servir pour faire quelque bien, pour unir nos Princes, pour soulager les malheureux, pour délasser le Roi des soins du gouvernement. Dieu saura bien briser cet instrument, quand il le jugera inutile, & je n'y aurai pas de regret.

Madame poursuivit encore, & me dit : Je pense quelquefois à la haine naturelle que j'ai pour la Cour. Cependant il m'est démontré que Dieu m'y destinoit, puisque c'est lui qui m'y a enchaînée ; & je vois avec reconnoissance, que c'est qu'il m'y vouloit sauver, en me faisant un devoir des contradictions de ma volonté les plus sensibles à mon amour-propre. Me. de Montespan au contraire aimoit fort la Cour, & cette vie qu'on y mene, qui n'est que du bruit, que les gens éloignés prennent pour des sons très-mélodieux. Qu'a fait ce Dieu qui fait tout bien ? Il y attache celle qui la hait, & il en éloigne celle qui l'aime ; apparemment, ajoute-t-elle, pour les sauver toutes les deux.

Mais poursuivons notre journée. Quand le Roi est revenu de la chasse, il vient chez moi. On ferme la porte, & personne n'entre plus. Il faut alors partager ses peines secretes, qui ne sont pas en petit nombre.

Arrive un Ministre, qui, avec empressement, apporte souvent de fort tristes nouvelles. Le Roi l'écoute avec attention, & se met à travailler. Et si l'on ne veut point de moi dans ce Conseil, (ce qui m'arrive très-rarement) je me retire un peu plus loin, & j'écris, ou je prie. Je soupe pendant que le Roi travaille encore. Je suis inquiete, s'il est seul ou non. Je suis contrainte, comme vous voyez, depuis six heures du matin, & bien lasse.

Le Roi s'en apperçoit, & me dit : Vous n'en pouvez plus, Madame, n'eſt-ce pas? Couchez-vous. Mes femmes viennent; mais je ſens qu'elles gênent le Roi, qui cauſeroit avec moi, & qui ne veut point cauſer devant elles. Ou bien, il y a encore quelques Miniſtres; & il a peur qu'elles n'entendent. De ſorte que je me dépêche pour me déshabiller, ſouvent juſqu'à m'en trouver mal. Enfin, me voilà dans mon lit. Je renvoye mes femmes. Le Roi s'approche, & demeure à mon chevet, juſqu'à ce qu'il aille ſouper. Mais un quart d'heure avant le ſouper, M. le Dauphin, M. le Duc & Me. la Ducheſſe de Bourgogne, entrent encore chez moi. A dix heures, à dix heures & un quart, tout le monde ſort. Alors, je ſuis ſeule, & prends les ſoulagements dont j'ai beſoin ; mais ſouvent les fatigues de la journée m'empêchent de dormir. Or, dites-moi, ſi le ſort de Jeanne Brindelette d'Avon n'eſt pas préférable au mien ?

Je ne ſuis plus ſurpriſe, lui répondis-je, d'avoir ouï dire à quelqu'un, que vous étiez une des plus malheureuſes perſonnes du monde. Ces gens-là, dit-elle, ſavent juger ſainement de la grandeur. Avec la Couronne ſur la tête, & le Sceptre à la main, on eſt ſouvent plus infortuné qu'un homme qui a les fers aux pieds.

Je vous dirai encore, ajouta-t-elle, qu'il est mille choses auxquelles nos Princes ne pensent pas, & auxquelles il faut que je supplée. Par exemple, la Princesse des Ursins va retourner en Espagne ; si je ne m'occupe d'elle, si je ne répare par mes empressements la froideur de Me. la Duchesse de Bourgogne, l'indifférence du Roi, la sécheresse des autres Princes, elle partira mécontente de notre Cour ; & il convient qu'elle s'en loue, & qu'elle en dise du bien en Espagne.

Je lui demandai si elle n'étoit pas quelquefois impatientée de tant d'importunités. Hélas ! que trop, me répondit-elle. J'en ai quelquefois, comme l'on dit, jusqu'à la gorge. Mais il faut demeurer où je suis ; la Providence a arrangé tout cela ; & je me console de paroître dépendre réellement de tout, en me disant, que réellement je ne dépens que d'elle.

Je me dis souvent : Que seroit ma vie, si, avec toute cette faveur que je n'ai pu modérer, toute cette magnificence que je n'ai pu réduire à la simplicité, ces honneurs auxquels je ne puis me dérober, si avec tout cela, je n'avois rien à souffrir ? Il est bon que les amertumes & les désagréments soient attachés à une place qui a tant de facilités pour corrompre les cœurs.

Je lui dis là-deſſus, qu'il me ſembloit que dans cette conduite, le Ciel faiſoit non-ſeulement voir ſa bonté, mais encore, ſi je l'oſois dire, ſon adreſſe.

C'eſt fort bien dit, répondit Madame; car il ſe ſert en effet pour me faire ſouffrir, de tout ce qui devroit m'amuſer, & pour épurer mon ame, de tout ce qui devroit naturellement la ſouiller & la perdre. Quand je me vois toute environnée de jeux & de plaiſirs : eſt-ce-là, me dis-je, la chambre d'une Chrétienne ? on n'y reſpire que la joie. Mais je me conſole, en penſant que ſi cela ne ſe paſſoit pas chez moi, il y auroit ailleurs trente hommes avec toutes les femmes qui ſont-là; qu'il s'y diroit, qu'il s'y paſſeroit des choſes où la vertu ſeroit offenſée; au lieu qu'au moins chez moi, il ne ſe paſſe rien qui bleſſe l'innocence. Je compte pour beaucoup de préſerver toute cette jeuneſſe, qui doit ſervir d'exemple au Royaume, de la préſerver, par des amuſements permis, des plaiſirs dangereux, qu'elle ne manqueroit pas de chercher & de trouver ailleurs. On n'a pas de piété; on a du moins des mœurs, & c'eſt quelque choſe.

Entretien III.

(1) MAdame la Duchesse de Bourgogne alla à St. Cyr. Elle y cherchoit Me. de Maintenon. En la voyant, elle lui sauta au cou, & lui dit:

J'ai le cœur si gros, que je n'en puis plus, ma chere tante. Je voudrois ne vous point importuner, & cependant je ne puis m'empêcher de vous chercher pour pleurer avec vous.

En effet, elle pleura beaucoup, sans que j'aye su précisément pourquoi, si ce n'est la malheureuse campagne du Duc de Bourgogne. Quoi qu'il en soit, cette Princesse étoit bien affligée. Me. de Maintenon, qui l'aimoit comme son enfant, pleura aussi amérement avec elle, & s'efforça ensuite de la consoler; également sensible & courageuse.

Le lendemain, je dis à Me. de Maintenon : Vous me fîtes bien pitié hier, Madame, & je trouve qu'il n'est rien de si triste, que d'avoir à partager comme vous le faites, les chagrins de tout un

---

(1) An. 1708.

Royaume. C'est un grand supplice d'avoir tous vos ennuis, & tous ceux des autres.

Madame me montra tout de suite le verset de *l'Imitation* qu'elle lisoit, lorsque j'entrai : " Que ferois-je, mon Dieu ! par-
" mi tant d'afflictions, qui me déchirent
" le cœur, si vous ne daigniez me forti-
" fier par votre parole ? " Que ferois-je en effet, dit-elle, si toute ma ressource n'étoit dans le souverain arbitre des événements ? Je me trouve presque sans cesse dans l'embarras ; & toute la prudence humaine ne sauroit m'en tirer. Cela m'arriva encore l'autre jour. Le Roi venoit d'apprendre une méchante nouvelle ; il me la dit le soir, une demi-heure avant de me quitter. Me. la Duchesse de Bourgogne, qui étoit présente, en fut extrêmement affligée. Je n'eus pas le temps de m'en attrister. Car dans le même instant, un homme vint me prier d'engager le Roi à faire une chose que le Roi ne devoit pas faire du tout, & qu'il ne pouvoit refuser sans mettre cet homme au désespoir, & sans se faire une peine extrême à lui-même, parce que cet homme lui étoit utile. Je devois porter la parole au Roi. Je prévoyois son embarras ; & cela ne diminuoit pas le mien. Je ne savois quel parti prendre. Un moment de

lumiere vint ; & j'en pris un très-heureux

Que vous êtes à plaindre, lui dis-je, de ne pouvoir consulter personne en ces occasions délicates !

J'ai, me répondit-elle, un fort honnête homme, de très-bon esprit, qui me décide, de gros en gros, ce que je puis faire en sûreté de conscience, & ce que je dois éviter pour ne point passer les bornes de mon état. Je m'en tiens à cette décision générale. Autrement, je ne vivrois pas ; & même en faisant le bien, je tremblerois toujours de faire mal. Mais cette décision générale ne prévoit point les cas particuliers, ces cas où il faut prendre conseil du moment, & où on ne peut le prendre que de soi-même ; de sorte qu'il me reste toujours assez de peines.

Il me semble, lui dis-je, que vous avez une grande ressource dans votre foi, qui vous donne cette liberté de recourir à Dieu, comme un enfant à son pere. Il est vrai, dit-elle, & je crois qu'il est permis d'avoir avec Dieu ces épanchements de cœur, quand on sent qu'on est à lui véritablement. Et je sens que je suis à lui. Je desire sa gloire, je travaille à rendre mon ame plus pure ; je m'occupe à lui donner ceux auxquels il m'a attachée ; je n'ai plus de passions, grace à sa bonté. Mes affections me restent ; mais elles lui sont soumises. Et avec le cœur le plus tendre, je suis parvenue à n'aimer personne, au point de vouloir rien faire qui pût blesser mon devoir. Je n'ai point de haines, point de vengeances, nulle avarice, nulle ambition. Je ne veux rien pour moi-même ; c'est, ce me semble, le plus grand bien de la chose, qui me détermine, plutôt qu'un sentiment particulier.

Vous êtes bien heureuse, Madame, lui dis-je ; car des gens qui puisse se rendre ce témoignage, il en est bien peu, & dans votre place, point.

Aussi, ma chere fille, reprit-elle, je ne cesse de bénir la main qui me soutient au milieu de tant d'abymes ouverts sous mes pas. Car on ne peut dire que d'un côté, c'est un excès de grandeur & de prospérité très-propre à jetter dans l'ivresse, & de l'autre, un excès d'embarras & de tristesse très-propre à jetter dans le découragement. J'ai sur les peines du Roi & des Princes, j'ai sur les malheurs de l'Etat, un degré de sensibilité, que Dieu seul connoît.

En cela, repris-je, vous êtes plus à plaindre qu'eux. Car pour l'ordinaire, les Grands ne sont pas fort sensibles ; & l'indolence de leur ame doit tourmenter les cœurs délicats.

Je vous l'ai dit plusieurs fois, repartit-elle, je ne suis pas grande, je suis seulement élevée. Dieu n'a pas voulu me donner l'éclat de la grandeur, de peur que je n'en eusse le vice. Il a fait tous les états, & en particulier le mien. Il veut que cet état me tienne lieu de toutes les pénitences & de toutes les austérités que je ne puis faire. Ceux qui me l'envient ne savent pas que j'envie le leur, & ne réfléchissent pas combien il est triste d'avoir sans cesse dans l'esprit, l'Espagne presque perdue, la paix qui s'éloigne de plus en plus, le Royaume bientôt menacé, déja épuisé; mille malheureux qui souffrent sous mes yeux, & que je ne puis soulager ; une Noblesse généreuse, ruinée sans espérance; un peuple qui murmure toujours, & aujourd'hui avec raison; ce luxe, qui, au milieu du délabrement de toutes les fortunes, semble défier les rigueurs de la saison, & les malheurs de la guerre ; ces tables, qui satisfont à peine les caprices de la gourmandise la plus raffinée ; tous ces vices enfin que consacre, sous le nom de bel air, le goût d'un peuple qui devroit gémir aux pieds des Autels. Du côté de la Religion, le danger visible où elle est, la difficulté de décider, s'il faut porter le Roi à pousser les choses jusques à un certain point, où s'il faut le modérer ; les inconvénients d'une conduite molle, les suites effrayantes d'une conduite précipitée. Car qui sait, si trop de douceur ne nuira point à l'autorité Royale, si trop de sévérité n'aigrira pas les esprits, n'excitera pas une révolte, ne causera point un schisme ? Qui sait si Dieu s'accommode de cette prudence humaine, & si la politique ne doit pas se taire, quand l'intérêt de la vérité parle ? Tout cela m'agite à un point inconcevable. Qui m'assurera que le Roi ne répondra point de tout ? Il me prend des frayeurs extrêmes sur son salut, quand je pense à tous ses devoirs. Car enfin, il est obligé à faire tout le bien possible ; & il rendra compte à Dieu de tout le mal qu'il auroit pu empêcher. Comment jugera-t-il tout cela ? En vérité, la tête est quelquefois prête à me tourner ; & je crois que si l'on ouvroit mon corps après ma mort, on trouveroit mon cœur sec & tord, comme celui de Mr. de Louvois. Je ne vous peins pas mes peines pour vous affliger, ma fille, mais pour vous affermir dans votre goût pour la retraite. Comprenez-en la douceur, la paix, la sûreté,

Puis, entrant dans mon cabinet pour prier Dieu, elle dit : Je ne fais pourquoi on fe prend à la priere de toutes les maladies que j'ai, comme fi mon âge & mes contraintes ne fuffifoient pas. Je trouve que rien ne fait plus de bien ; rien ne fortifie & ne délaffe plus un cœur affoibli & un efprit fatigué. La préfence de Dieu, cet acte de Religion, fi peu connu au Château, me femble la chofe du monde la plus naturelle. Tout nous y rappelle fans ceffe ; les fujets de trifteffe pour nous confoler avec lui, ceux de joie pour l'en remercier, les louanges pour ne pas y fuccomber, les profpérités pour être préfervé de la vanité, les contradictions pour en faire un bon ufage. Enfin, je trouve qu'à toute heure, à tout moment, nous avons des occafions de remonter jufqu'à Dieu, & d'avoir avec lui ce faint commerce, qui adoucit toujours les amertumes dont la vie eft femée, & qui nous préferve de toutes les chûtes où nous fommes expofés. Je ne fuis pas furprife que les gens du monde fe moquent de cette morale. S'ils favoient ce que c'eft que Dieu !

Entretien

Entretien IV.

(1) JE suis naturellement susceptible de tristesse. Je venois de voir mourir entre mes bras ma meilleure amie. J'étois plongée dans l'affliction, quoique sûre que mon amie étoit morte de la mort des justes, après avoir vécu comme eux. Madame vint me consoler, & me dit:

Je vais vous dire, ma chere fille, ce que j'écrivois toute à l'heure à une femme de la Cour : » Vous serez la plus
» malheureuse personne du monde, si
» vous ne vous jettez toute entiere du
» côté de Dieu. » En effet, cette vie est remplie de misere : tout ce qu'on y voit, n'est que tristesse & ennui. J'en excepte pourtant la retraite. Car, en vérité, on y est bien heureux. En quittant le monde, on quitte une maison qui tombe en ruine, & qui accable de ses débris, ceux qui y logent. Ne croyez pas qu'on puisse être vertueux sans souffrir. Il faut compter sur des peines & des privations de toute espéce. Elles sont l'ap-

(1) An. 1708.
Tome *VI.* H

panage de la vie humaine, & le gage de la vie éternelle. En quel état qu'on foit, qu'on eft à plaindre de ne pas fouffrir ! Mais il faut profiter des fouffrances pour aller à Dieu. Il eft fi bon, qu'il s'accommode de tout, & de ceux mêmes qui font conduits à lui par les malhéurs les plus mérités..... Cette femme, dont je vous parle, eft à la Cour ; elle eft veuve, & a peu de bien. Fort confidérée autrefois, elle eft aujourd'hui peu recherchée. Ses parents la dédaignent, & courent après ceux qui peuvent leur être utiles : on lui diroit volontiers, pourquoi vous tenez-vous-là ? car à la Cour, la confidération tombe toujours avec le crédit. Si cette femme avoit de la piété, cette piété feroit un fûr afyle. Elle s'appliqueroit aux bonnes œuvres ; ce feroit d'abord un travail, & ce travail deviendroit un plaifir. Ce qu'elle feroit d'abord par oifiveté, elle le feroit enfuite par goût. C'eft à quoi je viens de l'exhorter.

J'aime fort, ajouta-t-elle, le vœu de ce folitaire qui fouhaitoit de n'être pas une heure fans fouffrir. Rien n'exerce plus l'ame : rien ne lui donne plus d'aptitude à goûter ces plaifirs qui l'attendent dans un autre monde. Les faintes maximes de notre Religion, les bons exemples nous encouragent, nous autres foibles, à porter aussi notre croix. J'ai été long-temps sans comprendre cette nécessité de la souffrance pour faire son salut. Ce n'est pas que j'ignorasse sur quel fondement on l'appuyoit. J'en entendois souvent parler : & j'en étois fort inquiete, parce qu'un retour sur moi-même m'avertissoit que je ne souffrois rien. Tout le temps de ma jeunesse a été fort agréable : je n'avois nulle ambition, ni aucune de ces passions, qui auroient pu troubler le penchant que j'avois à ce fantôme de bonheur. Car quoique j'aye éprouvé de la pauvreté, & passé par des états bien différents de celui où vous me voyez, j'étois contente & heureuse. Je ne connoissois ni le chagrin ni l'ennui. J'étois libre. J'allois à l'hôtel d'Albret, ou à celui de Richelieu, sûre d'y être bien reçue, & d'y trouver mes amis rassemblés, ou bien de les attirer chez moi, en les faisant avertir que je ne sortirois pas.

Je crois, Madame, lui dis-je, que vous aviez déja de la piété dès ce temps-là ? Hélas ! guère, par malheur, dit-elle. J'avois un grand fond de Religion qui m'empêchoit de faire aucun mal, qui m'éloignoit de toute foiblesse, qui me faisoit haïr tout ce qui pouvoit m'attirer le mépris. Du reste, je ne pensois guère à Dieu. Et en réfléchissant sur ma vie, je remarque que les pas que j'ai fait vers la piété, ont toujours été à mesure que ma fortune est devenue meilleure : tous les degrés de prospérité & de faveur ont été suivis de quelques progrès dans la vertu. On y est communément porté par les malheurs & les disgraces : j'y ai été portée par les avantages de la fortune. Plus ils se sont augmentés & affermis, plus je me suis donnée à Dieu; & j'ai toujours reconnu, ce me semble, que tout ce qui m'est arrivé étoit son ouvrage, ne l'ayant point recherché, m'y étant tout au plus prêtée. On ne pourra jamais le croire. Cependant rien n'est si vrai. Mais comme le Ciel est admirable en tout ce qu'il fait, il a trouvé le secret, au milieu de toute cette pompe, & pour ainsi dire de cette incompréhensible élévation, que les châteaux en Espagne ne sauroient porter plus haut; il a trouvé, dis-je, le secret de me laisser une sensibilité qui me fait entrer dans les peines des autres, comme si c'étoient mes peines, & qui me fait une affliction de toutes les afflictions générales & particulieres. Ce qui joint à une infinité d'autres désagrémens, me rend ma place insupportable. Sensibilité, ajouta-t-elle en riant, qu'il me laisse comme par malice.

Puis, reprenant un air sérieux, elle dit : Cependant ces peines mêmes sont de nouvelles graces de Dieu, dont je ne puis trop le remercier, quoiqu'elles me fassent trembler. Car enfin, ce n'est pas sa coutume de nous sauver par les richesses, par les honneurs, mais par la privation des choses nécessaires, & par l'écrasement de l'amour-propre, & par les mépris, par les douleurs, par les calomnies. Et je n'éprouve presque rien de tout cela. Et quand je repasse ma vie, je trouve qu'il en a toujours été de même. Car premiérement, dans mes tendres années, j'étois ce qu'on appelle un bon enfant : tout le monde m'aimoit : il n'y avoit pas jusqu'aux domestiques de ma tante qui ne fussent charmés de moi. Plus grande, je fus mise dans des Couvents : vous savez combien j'y étois chérie de mes maîtresses & de mes compagnes, toujours par la même raison, parce que je ne songeois du matin au soir qu'à les servir & à les obliger. Lorsque je fus avec *ce pauvre estropié*, je me trouvai dans le beau monde, où je fus recherchée & estimée. Les femmes m'aimoient, parce que j'étois douce dans la société, & que je m'occupois beaucoup plus des autres que de moi-même. Les hommes me fuivoient, parce que j'avois de la beauté & les graces de la jeuneffe. J'ai vu de tout, mais toujours de façon à me faire une réputation fans reproche. Le goût qu'on avoit pour moi, étoit plutôt une amitié générale, une amitié d'eftime, que de l'amour. Je ne voulois point être aimée en particulier de qui que ce fût : je voulois l'être de tout le monde, faire prononcer mon nom avec admiration & avec refpect, jouer un beau perfonnage, & furtout être approuvée par des gens de bien. C'étoit mon idole. J'en fuis peut-être punie préfentement par l'excès de ma faveur, comme fi Dieu m'eût dit dans fa colere : Tu veux de la gloire & des louanges : eh bien ! tu en auras jufqu'à en être raffafiée. Quand je commençai à n'être plus fi jeune, ces grands empreffements que le monde avoit pour moi diminuerent un peu. Mais en même-temps commença ma faveur. Il n'y eut point d'intervalle. A peine le monde fit-il un vuide autour de moi, que la Cour le remplit. Je commençai à faire figure ; & une conduite, toujours au-deffus du foupçon, me conferva l'eftime publique. Il n'eft rien que je n'euffe été capable de tenter & de fouffrir, pour acquérir le nom de femme forte. Je me contrariois dans tous mes goûts. Mais cela me coûtoit peu, quand j'envisageois ces louanges & cette réputation qui devoient être les fruits de ma contrainte C'étoit-là ma folie. Je ne me souciois point de richesses. J'étois élevée de cent piques au-dessus de l'intérêt. Je voulois de l'honneur. Oh! dites-moi, ma fille, y a-t-il rien de plus opposé à la vraie vertu, que cet orgueil dans lequel j'ai usé ma jeunesse? C'est le péché de *Lucifer*, & le plus sévérement puni par ce Dieu jaloux, qui se plait à résister aux superbes. Enfin, pour achever ce que j'ai commencé, cette faveur, si singuliere en tout, a toujours été en croissant : & la confiance que l'on a eue en moi, a pris tous les jours de nouvelles racines. Les bonnes œuvres se sont présentées, je les ai saisies. J'ai contribué à l'établissement de St. Cyr, où je suis, ce me semble, comme par-tout ailleurs, respectée, chérie, écoutée. Voyez quelle chaîne de bonheur! & si, à en juger par les apparences, Madame la Duchesse de Chaulnes n'avoit pas raison de dire : » *Jour de Dieu! l'heureuse femme!*

Mais, Madame, lui dis-je, au milieu de tout cela, vous avez eu tant de choses à souffrir!

Beaucoup, dit-elle : mais je ne laisse pas de craindre toujours de n'avoir pas assez souffert. Je vois cependant avec reconnoissance que Dieu m'a soutenue d'une maniere surprenante dans tous les périodes de ma vie. Sans un secours spécial, je n'aurois pu porter ma prospérité : j'avois bien porté mon adversité : adversité, répéta-t-elle en riant. Puis, elle ajouta en se retirant : Sauvons-nous, ma fille, sauvons-nous. Il n'y a que cela de bon. Croyez-en une personne qui a goûté de tout.

Entretien V.

(1) Plusieurs Evêques étant venus ensemble voir Me. de Maintenon, elle m'en parla le lendemain... Il est vrai, dit-elle, que je ne pus m'empêcher de leur demander si c'étoit un Concile Provincial. Oui, Madame, me dirent-ils en riant ; & c'est vous qui y présiderez. Si cela est, repartis-je, il ne sera pas sérieux.

Ensuite changeant de ton, elle me té-

---

(1) An. 1709.

moigna la peine extrême qu'elle avoit du mauvais état des affaires de l'Eglife.

Sur quoi je lui demandai, fi ces Evêques-là n'étoient pas du même fentiment que l'Evêque de Chartres.

Non-feulement, dit-elle, ils parlent comme lui ; mais il étoit hier le plus modéré. Je vous affure qu'il eft bien trifte de voir les progrès que fait le Janfénifme : il s'étend de tous côtés dans le Royaume, & gagne prefque tous les Couvents. J'avois le cœur ferré, & l'efprit rempli de toutes ces fâcheufes idées, quand j'arrivai à Verfailles. Et pour furcroît de peines, dès que je fus chez moi, je fus témoin d'une converfation fort vive entre le Roi & Monfeigneur. Je paffe ma vie à les unir, à éloigner tout ce qui mettroit de la méfintelligence entre eux ; & je les vis prêts à fe brouiller pour une bagatelle. Monfeigneur vouloit donner à Meudon un bal public, où tout le monde fût admis fans diftinction, & le vouloit abfolument, & avec cela, que Madame la Ducheffe de Bourgogne y fût. Le Roi, avec une douceur charmante, lui repréfenta, qu'il ne convenoit point, dès qu'il y vouloit Madame la Duchesse de Bourgogne, que toutes fortes d'hommes & de femmes s'y trouvaffent. Elle, de fon cô-

H v

té, ne voyoit point l'indécence de ce mé-
lange, & étoit prête à danser avec un
Comédien aussi-bien qu'avec un Prince
du Sang. Je ne puis vous dire combien ce
démêlé m'a fait souffrir, & quelle nuit
j'ai passée.

Après quelques moments de silence,
elle reprit : Dieu ne me défend pourtant
pas cette insensibilité. Elle est dans mon
sang, & de mon état. Il me permet de
trembler qu'à force de vices & d'indolence, nous ne perdions le sacré dépôt de
la foi : que les peuples, à force d'impôts,
ne puissent plus soutenir les malheurs de
la guerre ; que la Famille Royale ne se
désunisse irréconciliablement pour les mal-
entendus les plus légers dans leur principe ; que cette paix de l'Europe, si nécessaire à la France, ne s'éloigne, & qu'à
la guerre générale il ne s'en joigne une
civile, ou du moins domestique. D'un
côté, un Roi vieux ; de l'autre, un
Dauphin qui vieillit. A soixante & dix
ans, un Prince n'est pas obéi comme à
trente, & un fils de quarante-six ans n'o-
béit plus.

Mais à propos de cette douceur du Roi,
vous ne sauriez croire à quel point il la
porte. J'ai plus de liberté avec lui qu'a-
vec tous les autres. Je l'avertis du mal

qu'il fait, ou qu'il permet, ou qu'il ne fait pas : la vérité ne l'offense point ; & ma franchise ne lui paroît pas indiscrétion. Il y a quelques jours, par exemple, qu'il s'en présenta une occasion importante. Je lui dis ouvertement : *Sire, ce que vous avez fait, est bien mal ; & vous avez très-grand tort.* Il me reçut à merveille le lendemain. Il fallut de nécessité parler de la même affaire. Je voulus couler doucement en disant : *Cela est fait, Sire, il n'y faut plus penser* : il répondit : *Ne m'excusez pas, Madame, j'ai très-grand tort : j'ai fait une faute, il s'agit de la réparer.* N'ai-je pas raison de dire qu'il est humble ? Tous ceux qui lui attribuent de l'orgueil, ne le connoissent pas. Il n'a nulle opinion de lui. Il ne se croit point nécessaire. Il est persuadé qu'un autre feroit tout aussi-bien que lui, & le surpasseroit même en bien des choses. Il sent les défauts de son Gouvernement, & il n'attend que la paix pour y remédier. Il ne s'attribue aucune des merveilles de son regne. Hélas ! il ne connoît pas tant d'orgueil en un an, que j'en connois en un jour. Et voilà comme les Rois mêmes sont si peu connus.

Entretien VI.

..... J'eus une grande & longue maladie. Ayant montré au commencement quelques frayeurs de la mort, Madame me vint voir, s'attendrit sur mon état ; & après mille choses obligeantes, me dit : Que je suis aise que vous ne craigniez plus tant la mort ! Environnés de périls comme nous le sommes dans cette vie, y goûtant si peu de vrais biens, nous ne pouvons mieux faire, que de désirer d'en sortir. J'estime heureux ceux qui meurent jeunes : c'est autant de gagné sur les fatigues du pélerinage. Si Dieu me demandoit présentement ce que je désirerois le plus, de vivre ou de mourir, mon choix seroit bientôt fait : & certainement je ne verrois plus ce monde corrupteur & corrompu. Comptez, ma chere fille, que l'on n'est pas plus détaché du monde pour avoir vécu long-temps. Le cœur s'enracine. Il y a un endroit de St. Paul, qui me fait toujours de la peine : celui où il dit, que c'est une chose terrible de tomber entre les mains du Dieu vivant. Je respecte infiniment cette parole, & je sais qu'elle regarde les pécheurs impénitents. Mais cela m'eſt toujours dur à entendre : car je trouve qu'on eſt toujours bien entre les mains de Dieu. J'aime mieux cet autre ſentiment : *Oh! qu'il me tarde de déloger pour être avec J. C.* Il y a quelques jours que je dis au Roi avec une eſpece de dépit : En vérité! Sire, j'ai peur de vivre cent ans : à quoi il eut la politeſſe de me répondre, qu'il le ſouhaitoit vivement. Malgré tant de bonté, je ſuis ſi laſſe de la vie, que mes vœux les plus ardents appellent le moment qui doit la finir. . . . .

. . . .
Je fus bien conſolée, l'autre jour, en reliſant une lettre de feu Mr. de Chartres, où après m'avoir mandé pluſieurs choſes admirables pour me fortifier dans un temps où j'étois extrêmement malade, il finit en diſant : » Je ſuis bien honteux » de vous parler là-deſſus, ſentant moi- » même un deſir extrême de guérir, & » me trouvant réduit à un ſimple acquieſ- » cement. " Quand un Saint parle ainſi, ajouta-t-elle, cela encourage un peu, & cet aveu ne donne que plus de créance à ce qu'il dit.

La converſation ayant enſuite tourné ſur divers ſujets, nous vînmes à parler de la haine, & combien il eſt difficile de la vaincre. Ce qui donna occasion à Madame de me dire, qu'il n'y avoit jamais eu qu'une seule personne pour qui elle en eût senti ; mais que ce sentiment étoit si fort en elle, qu'elle en étoit jusqu'à se trouver mal quand elle la voyoit, ou qu'elle passoit devant sa porte. Cependant, dit Madame, cette personne ayant eu besoin de moi dans la suite, je saisis avec empressement l'occasion de lui rendre service ; & le premier usage que j'ai fait de ma faveur, a été de lui montrer que je savois pardonner.

Par vertu, lui dis-je. Hélas ! non, répondit-elle. Ce n'étoit pas vertu, mais orgueil ; par un sentiment de Lucifer ; pour faire une belle action, par goût pour les choses difficiles ; pour humilier l'amour-propre de la Dame, en forçant sa reconnoissance. Le sujet de cette haine, est qu'étant allée au Val-de-Grace remercier la Reine-Mere d'une pension qu'elle m'avoit accordée, cette femme, au-lieu de louer la bonté de la Reine, comme toutes les autres, dit : Si la Reine donne cette pension aux plus beaux yeux & à la plus coquette personne de France, elle ne sauroit mieux choisir. J'entendis cela, & j'en fus outrée. Les louanges qu'on donnoit à mes yeux, ne purent me faire digérer le reste. Je ne le méritois pas. Voilà donc, me disois-je, à quoi aboutissent tous les soins que j'ai pris de me faire une réputation sans reproche. Je trouvai ce discours si humiliant dans la bouche d'une Dame de qualité, qui pourtant en reconnoissoit l'injustice, & qui auroit dû entrer dans la joie que toute la Cour témoignoit de ce que la Reine me tiroit de l'indigence, que je l'eus long-temps sur le cœur. Et ce fut à cette occasion, que mon Confesseur me dit un jour : *Madame, est-il possible qu'il faille que ce soit la haine qui vous damne ?* . . .

Je me plaignis de n'avoir pas encore été calomniée dans ma retraite. Vous le serez, me dit Madame, & vous l'avez déja été. Le mal qu'on dit de vous, ne vient pas jusqu'à vos oreilles. On sait bien me faire parvenir celui qu'on dit de moi. Je reçois tous les jours des lettres, où l'on me demande si je ne suis pas lasse de m'engraisser, en suçant le sang des pauvres & des orphelins, où l'on m'exhorte à faire réflexion que je suis vieille, & ce que je veux faire du bien que j'amasse. Il y en a qui vont plus loin, & qui m'écrivent les choses les plus outrageuses. Tout cela ne me fait pas de peine. Il faut si peu de courage pour être insensible aux injures !

Mais, Madame, lui dis-je, il seroit aisé d'en découvrir les auteurs. L'autorité du Roi, me dit-elle, n'est point faite pour servir la sensibilité d'une femme. Et parce que je suis élevée, faut-il qu'il y ait des gens abattus ? Les injures ne font rien. Je le disois hier à un homme qui se plaignoit d'en avoir essuyé une : nous en vivons.

Entretien VII.

Madame de Maintenon, qui s'entretenoit toujours avec moi à cœur ouvert, me dit un jour : Mon Dieu, ma fille, que je vois d'étranges choses dans le pays où je suis forcée de demeurer! Il me semble que je suis à peu-près comme ceux qui sont derriere un théâtre, à ne voir que les cordages, les lampions, le suif, & tout ce qu'il y a de désagréable, pendant que ceux qui sont assis vis-à-vis, sont transportés d'admiration à l'aspect d'un palais enchanté, d'un paysage, d'un jardin. Tout cela ravit, & tout cela n'est qu'une toile mal-propre. De même, je vois le monde dans toute sa laideur, tandis que mille gens, qui le voyent de loin, sont éblouis de son éclat. Je vois des passions de toutes sortes, des haines, des baſſeſſes, des ambitions démeſurées d'un côté, des envies, des trahiſons, des jalouſies épouvantables de l'autre, & quelquefois, tout cela dans le même ſujet; & toujours tout cela, pour des bagatelles & de la fumée. Cela ſeul ne ſuffiroit-il pas, pour me faire reléguer moi-même au bout du monde, ſur-tout étant preſque contrainte à jouer un rôle dans toutes ces iniquités ? Je retournerois en Amérique, ſi l'on ne me diſoit ſans ceſſe, que Dieu me veut où je ſuis. Ce ne ſont pas-là mes ſeules peines. Mille embarras d'eſprit & de conſcience viennent m'aſſaillir; je tremble pour le ſalut du Roi: car enfin, s'il n'eſt pas l'homme le plus juſte de ſon Royaume, il en eſt le plus injuſte. Je crains pour nos Princes, je crains pour Me. la Ducheſſe de Bourgogne. Il y a mille choſes, comme je vous l'ai dit bien des fois, où je ne ſais quel parti prendre. J'appréhende tantôt de mollir, tantôt de rebuter tant de gens de la piété. Cette muſique, par exemple, qui fait le ſeul plaiſir du Roi, & où l'on n'entend que des maximes abſolument contraires aux mœurs, feroit, ce me ſemble, bien convenable à retoucher ou à proſcrire. Si l'on en dit un mot, le Roi répond auſſi-tôt: » Mais cela a toujours été. La

» Reine ma mere, qui avoit de la piété,
» & la Reine, qui communioit trois fois
» la femaine, ont vu tout cela comme
» moi. " Il est vrai que pour lui personnellement, cela ne lui fait aucune impression, qu'il n'est occupé que de la beauté de la musique, des sons, des accords, & qu'il chante même ses propres louanges, comme si c'étoient les louanges d'un autre; & seulement par goût pour les airs. Mais il n'en est pas de même de tout le reste des spectateurs; & il est impossible que, parmi tant de jeunes cœurs, il n'y en ait de sensibles à ces paroles pleines d'une morale qui fait consister le bonheur dans le plaisir. Car mettez à l'alambic tous les Opéras, vous n'en tirerez jamais que cette maxime retournée en mille façons différentes. Le Roi a pris autrefois un plaisir extrême aux beaux cantiques d'Esther & d'Athalie. Aujourd'hui il est presque honteux de les faire chanter, parce qu'il sent qu'ils ennuyent les Courtisans, que Quinault pourtant n'ennuye pas moins. N'est-il pas déplorable, que parmi des Chrétiens, & sous un Roi qui ne voudroit assurément pas offenser Dieu, qui le craint, qui l'aime, on ait des pratiques si contraires à tout le système de la Religion, & des condescendances si

contraires à la vertu, dont le caractere est l'inflexibilité ? Si le Roi cependant vouloit abfolument qu'au-lieu des maximes pernicieufes femées dans les Opéras, l'on ne chantât que des chofes faintes, ou du moins innocentes, les gens d'efprit, dont la France abonde, s'empreſſeroient de travailler en ce genre. Mais il craint d'établir une nouveauté; il craint que les plus beaux airs n'ennuyaſſent, dès que les paroles en feroient pures; il craint de déplaire au public, de l'opinion duquel le Prince dépend encore plus que le fujet. Quelques-uns difent que ce que l'on entend à l'Opéra, entre par une oreille, & fort par l'autre.

Oui, interrompis-je, mais ils oublient que le cœur eſt entre deux.

Cela eſt fort bien dit, répondit Madame; & je fuis aſſurée qu'au fortir de ces fpectacles, dont Mr. de Meaux difoit qu'il y avoit de grands exemples pour, & des fortes raifons contre, l'on eſt moins en état de réſiſter aux occaſions dangereuſes, qu'on ne le feroit en fortant du fermon d'un pathétique Miſſionnaire.

Je dis un jour à ce propos, pourſuivit-elle, à Mr. le Duc de Bourgogne, qui eſt un Saint : Mais vous, Monfeigneur, que ferez-vous quand vous ferez le maître ? défendrez-vous l'Opéra, la Comédie & les autres spectacles ? car bien des gens prétendent que s'il n'y en avoit point, il y auroit de plus grands désordres à Paris. Je peserois mûrement, me dit-il, le pour & le contre ; j'examinerois tous les inconvénients, & je m'en tiendrois au parti où il y en auroit le moins. Cela n'est-il pas d'une merveilleuse droiture dans un si jeune Prince ?

Ce qui m'étonne, ajouta-t elle, quand j'y pense, (mais sans me troubler, car je sais que Dieu tire sa gloire de la déroute de nos projets comme de leur réussite,) c'est de voir que tant de choses que j'ai faites pour le grand bien, avec l'intention la plus droite, ayent mal tourné. Par exemple, j'ai voulu que M. le Duc de... & le Duc de... fussent amis du Roi, afin qu'il vît d'honnêtes gens capables de lui faire aimer la vertu, & d'éloigner de lui cette corruption de flatterie. Cela n'a pas réussi, & je m'en suis repentie. Je n'ai pas plus à me louer de la nomination du Cardinal de Noailles à l'Archevêché de Paris, ni de celle de l'Abbé de Fénelon au Siege de Cambray, que j'ai favorisée. Vous savez les peines que j'ai eues sur Mr. de Cambray. J'en eus un si grand chagrin, que le Roi, quoiqu'il m'en eût su d'abord mauvais gré, ne put s'empêcher de me dire en voyant mon affliction : *Hé bien, Madame, il faudra donc que nous vous voyions mourir pour cette affaire-là !* Je n'en sens pas une moindre actuellement sur le Cardinal de Noailles. Mais quand j'ai suivi, à son sujet, les mouvements de mon cœur, en le transférant à Paris, j'ai cru faire le bien de l'Eglise. Feu Mr. de Chartres pensoit lui-même comme moi sur ces deux hommes-là, & les regardoit comme des gens faits pour servir la Religion.

Puis, après avoir un peu pensé, elle dit... Les Princes ne veulent jamais envisager les choses tristes. Ils sont accoutumés à des flatteurs, dont tout le savoir est de les leur ôter de devant les yeux; & je me vois réduite par le devoir de ma conscience, par l'amitié que j'ai pour le Roi, par l'intérêt que je prends & suis obligée de prendre à l'Etat, de dire la vérité, de la dire sans adresse, de peur qu'elle ne soit pas entendue; de montrer au Roi qu'on le trompe souvent, qu'on le flatte, qu'on lui donne de mauvais conseils. Voyez quel personnage, d'attrister ainsi ce que l'on aime, & de déplaire sans cesse à un homme, à qui tous cherchent à plaire. Voilà cependant ma situation. Je l'afflige souvent, quand il ne vient chez moi que pour s'amuser.

. . . .
. . . Je voudrois mourir avant le Roi. J'irois à Dieu; je me jetterois aux pieds de son Trône; je lui offrirois les vœux d'une ame qu'il auroit rendue pure; je le prierois d'accorder au Roi plus de lumieres, plus de connoissances sur le véritable état des Provinces, plus d'aversion pour les perfidies des courtisans, plus d'amour pour son peuple, plus d'horreur pour l'abus qu'on fait de son autorité. Mes prieres lui seroient agréables; il les exauceroit, & ma félicité en seroit augmentée.

. . . .
. . . . D'un autre côté, Madame la Duchesse de Bourgogne, qui a des chagrins épouvantables, me les vient tous apporter. Elle vint, par exemple, hier comme je me couchois, n'en pouvant plus d'excès de fatigues. Elle se jetta sur moi, & me tint très-long-temps à me conter ses peines. Il me fallut rester à demi-déshabillée à l'entendre, parce que, si je m'étois couchée, elle n'auroit pu me parler en liberté; la table où le Roi travailloit, étant tout près de mon lit. Elle me demande si elle ne m'incommode point; mais avec toute la liberté qu'elle me donne, & quoiqu'elle me prie d'en user avec elle comme avec ma fille, il m'est im-

possible de manquer aux égards qui lui sont dûs, & de n'avoir pas pour elle tout ce que je dois. Nos Princes s'imaginent peut-être que je ne me gêne en rien avec eux ; & ils auroient en effet la bonté de le souffrir. Mais je pense bien plus à eux qu'à moi. Il me semble aussi que, quand on les a vus, on n'a plus envie de voir personne ; & c'est précisément alors qu'on desire le plus de voir des gens qui ne soient point eux. C'est bien-là, dis-je, ce que M. de Cambray leur reprochoit, quand il leur disoit, qu'à les en croire, *leur vision étoit béatifique.* Oui, dit Madame, en riant, ils pensent qu'elle tient lieu de tout ; & il est bon qu'ils ignorent combien ils se trompent.

Entretien VIII.

Madame de Maintenon me parlant du dégoût qu'elle avoit toujours eu pour la Cour, me dit avec admiration : Il falloit que Dieu eût donné pour moi de grandes lumieres à l'Abbé Gobelin, pour qu'il prît sur lui de me décider avec toute l'autorité d'un Apôtre, que j'y devois demeurer malgré toutes mes répugnances. Les fortes envies qu'il me sembloit que Dieu me donnoit de m'en retirer, les grandes raisons que j'avois, les périls que je pouvois y courir, j'exposai tout à ce saint homme avec les couleurs les plus vives. Il persista toujours à m'ordonner de demeurer à la Cour; ordre qui ne sembloit point s'accorder avec cette morale sévere, dont il ne se départit jamais. Mais ce qui m'étonne encore plus, quand j'y fais réflexion, c'est que Dieu ait permis après tout cela, que ce même homme, qui me conduisoit depuis si long-temps avec tant de fermeté, me devînt presque inutile. J'avois pour lui la même confiance, la même docilité, le même goût; mais il prit une si grande crainte de moi, il me traita avec tant de respect, il m'embarrassa si fort par la contrainte que mon élévation lui donnoit malgré lui & malgré moi, que de continuelles infirmités se joignant à toutes ces raisons, je m'adressai pendant quelque temps au Pere Bourdaloue. Mais ce saint & savant prédicateur me déclara, qu'il ne pourroit me voir que tous les six mois, à cause de ses sermons. Je compris que tout habile, tout vertueux, tout expérimenté, tout zélé qu'il étoit, je ne pourrois pas en tirer le secours presque continuel dont j'avois besoin. En me privant du Pere Bour-

Bourdaloue, je redoublai d'estime pour lui; car la direction de ma conscience n'étoit point à dédaigner. M. Jaffaux, en ce temps-là mon Confesseur, me parloit continuellement de M. l'Abbé Desmarais & de Mr. l'Abbé de Fénélon, & m'assuroit que le plus grand service que je pouvois rendre à la Religion, étoit de m'intéresser à les placer de maniere que leurs talents fussent utiles à l'Eglise. Le même témoignage leur étoit rendu de tous côtés; de sorte que je contribuai à faire nommer l'Abbé de Fénelon Précepteur de M. le Duc de Bourgogne, & l'Abbé Desmarais, Evêque de Chartres. J'avois vu ce dernier à St. Cyr, où l'Abbé Gobelin l'avoit introduit; & dès que je l'eus entretenu, il me sembla que c'étoit l'homme qu'il me falloit. Vous savez que son extérieur, bien-loin d'avoir rien qui attirât, étoit tout-à-fait propre à éloigner. Il avoit un air froid, sec & austere. Cependant il me sembloit que Dieu me disoit au fond du cœur: c'est cet homme-là que je te donne. Je l'examinai de près, pendant qu'il traitoit des affaires de St. Cyr avec tous nos autres Messieurs. Et tout ce que je vis en lui me parut si saint, si vertueux, si sage, si modéré, si prudent, que je me confirmai dans mon choix.

Je le communiquai à Mr. l'Abbé de Brisacier, qui, avec une droiture merveilleuse, & sans profiter de l'ouverture que je lui faisois, pour me porter à le choisir lui-même, ou Mr. l'Abbé Tiberge, car j'avois pour eux deux une égale estime, me dit : *Vous ne sauriez mieux faire que de prendre M. l'Abbé Desmarais pour votre Directeur ; il a tout ce qu'il vous convient, & ce qui vous est nécessaire.* Là-dessus, je le priai de lui en faire la proposition. M. Desmarais le refusa d'abord, regardant cette charge comme formidable, ainsi qu'il me l'écrivit quelque temps après.

Je fus obligée de prier M. de Brisacier de le presser & d'employer tout le pouvoir & tout le crédit qu'il avoit sur son esprit, pour l'y engager. Mr. Desmarais, avant de s'y résoudre, voulut encore consulter M. Tronson, Supérieur de St. Sulpice, qui lui leva tous ses scrupules, & lui dit de ne pas hésiter à se charger de moi. Je me souviens qu'une des premieres choses que je lui demandai, fut, si je pouvois aller aux spectacles avec le Roi. Il demeura quelque temps à réfléchir ; puis il dit : *Madame, je crois que si le Roi le veut, vous devez y aller ;* & n'ajouta rien davantage. Peu de temps après, je lui fis une confession générale; & depuis ce temps-là, jusqu'à la mort, j'ai eu en lui une entiere confiance; & je m'en suis bien trouvée.

J'ai souvent pensé depuis, ajouta-t-elle, pourquoi je ne pris pas M. l'Abbé de Fénelon, dont toutes les manieres me plaisoient, dont l'esprit & la vertu m'avoient si fort prévenue en sa faveur. Comment, au milieu de tout ce qui devoit me déterminer d'un côté, me jettai-je de l'autre ? je ne puis trop remercier la Providence, qui sembla m'avoir voulu préserver des erreurs de Mr. de Cambray, en me livrant à un homme attaché jusqu'au dernier soupir à la vérité. Quand je vois toutes les divisions des hommes sur une chose aussi simple que la Religion, en vérité, je bénis Dieu d'être femme. Toutes ces dissentions m'agitent & m'allarment ; & je paye bien chérement l'honneur d'être la *femme d'affaire des Evéques*. Les déférences qu'on a pour moi m'accablent, au-lieu de m'enorgueillir. Il y a si long-temps que je fais des loix aux autres, que je serois ravie de suivre celles de quelqu'un. Rien n'est plus commode que de se laisser gouverner, sur-tout pour ceux qui gouvernent.

Entretien IX.

Sur le Jansénisme & sur le Quiétisme.

(1) JE veux triompher avec vous, ma chere fille, sur la constitution du Pape contre le Livre de Quesnel. Vous la verrez dès qu'elle sera traduite. Il y a plus de cent propositions condamnées. Et voilà ce merveilleux Livre que notre saint Evêque de Chartres condamnoit à tort, par faux scrupule, avec une âpreté trop grande contre le Jansénisme dont il se faisoit un fantôme ! Il lui en a coûté la vie ; mais il est bien récompensé aujourd'hui ; & M. de Meaux assure qu'il est sensible dans le Ciel à la joie de le voir condamné. . . . . . .

Madame ajouta : Si vous n'étiez qu'une Communauté de Religieuses, je vous laisserois, le plus qu'il me seroit possible, ignorer ce qui se passe dans le monde. Mais comme vous élevez des filles qui y retourneront, il faut bien leur donner des préservatifs contre les différents poisons qui leur seront présentés. Vous verrez par la constitution du Pape contre le Jansénisme, que, sous des apparences de

———
(1) An. 1713.

piété, avec des paroles mêmes tirées de l'Ecriture-fainte, on fait prendre des venins mortels aux ames fimples & ignorantes. On prévient le public par des dehors réguliers, & même aufteres. Les perfonnes les plus pieufes font celles qui donnent le plus aifément dans ces nouveautés. Les libertins s'occupent d'autre chofe. On s'infinue dans l'efprit des femmes, en leur faifant entendre qu'elles en ont trop pour marcher dans la voie ordinaire, & qu'elles font appellées à une plus haute perfection. Il en eft peu qui réfiftent à ce difcours flatteur. On entre dans le parti par piété, & l'on y perd fa piété à mefure qu'on y avance. On ne s'occupe que des intérêts & des paffions de la cabale. Notre fûreté eft dans la foumiffion aux décifions de l'Eglife & à la conduite de nos fupérieurs. C'eft aux Docteurs à raifonner & à approfondir. Celui qui les fait Docteurs, leur donne les lumieres dont ils ont befoin. Mais les femmes doivent obéir & croire. Nous fommes trop heureufes de n'avoir qu'à fuivre notre regle ; elle ne nous trompe point : on n'eft en paix que lorfqu'on eft dans l'ordre. Voyez quels troubles ces nouveautés excitent dans l'Eglife. Voyez l'indépendance de ceux qui les embraffent, quelle révolte contre cette Eglife, que J. C. a établie, qu'il éclaire, qu'il conferve toujours : quel mépris de toute puiffance qui vient de Dieu ! Que nos filles foient en garde contre ceux qui veulent les rendre orgueilleufes, qui décident fouverainement des matieres de Religion, qui en regardent les pratiques comme des petiteffes, qui attaquent le Pape, les Rois, les Evêques, & toute autorité. Le Calvinifme & le Janfénifme, s'oppofent à tout ce que l'Eglife approuve. Il ne faut point honorer la Vierge ni les Saints ! Il eft pitoyable de dire fon Chapelet ! il faut lire l'Ecriture fainte, & en juger foi-même ! Voilà leurs difcours. Vos filles reconnoîtront l'erreur à ces marques. La vérité eft fimple, humble, & veut de la dépendance. Vous ne pouvez trop leur infpirer de prendre un Confeffeur bien approuvé par les fupérieurs, & point foupçonné de nouveautés. Elles n'ont point d'affaire plus preffée en fortant d'ici. Elles y font folidement inftruites : ceux qui leur donneront d'autres maximes, doivent leur être fufpects. Il faut fur-tout éloigner de cette maifon tous les écrits qui pourroient y introduire l'erreur. Vous favez, ma chere fille, ce qui a donné entrée à Me. Guion chez vous; & vous favez auffi les fuites de son commerce. J'ignorois entiérement combien cette femme étoit dangereuse. Cependant c'étoit une imprudence à moi de laisser entrer chez vous une personne dont je n'avois pas bien examiné la conduite. Que ma faute vous instruise. Soyez plus circonspecte que moi. Vous avez vu la peine que votre Evêque a eue à détruire ici ses maximes, & à supprimer ses livres & ses écrits. Il me parut qu'il suffisoit pour vous qu'il les désapprouvât : & vous devez vous en tenir toujours à la décision de vos supérieurs. Je n'aurois pas voulu faire d'autre consultation, s'il n'y avoit eu que l'intérêt de votre maison. Mais le bruit que cette affaire faisoit à Paris & à la Cour, me fit croire que le Roi en auroit connoissance, & ne manqueroit pas de m'en parler. C'est ce qui m'obligea de consulter, pour être en état de répondre au Roi. Je choisis pour cela M. l'Evêque de Meaux, M. l'Evêque de Châlons, Mr. Jolly, le Pere Bourdaloue, M. Tronson, & nos chers amis, Mrs. Tiberge & de Brisacier. Si j'avois su quelque chose de meilleur, je m'y serois adressée. Je les priai par écrit de me mander leur sentiment sur les Livres & sur les manuscrits qui contenoient cette illusion qu'on nomme Quiétisme. Vous avez leurs réponses. Celle de Mr. de Meaux n'y est point, parce que je le consultai de vive voix. Il fut de même avis que les autres, & ce qu'il écrivit depuis le prouve bien. Le Roi me parla, comme je l'avois prévu ; & ceux qui l'avoient informé des premiers bruits du Quiétisme, voulurent en accuser les gens de la Cour qu'il considere le plus, & avec lesquels j'ai le plus de commerce. Ils connoissoient en effet Madame Guion, & l'estimoient. Mais dès qu'ils la virent soupçonnée d'une mauvaise doctrine, ils voulurent consulter ses Livres, & consulterent en effet divers Docteurs & Prélats. Cette docilité me confirma dans l'estime que j'avois pour eux. L'Abbé de Fénelon se joignit à M. de Châlons & à M. de Meaux ; & tous ensemble examinerent à Issy, huit mois durant, les Livres, les manuscrits, les Maximes, & la Vie de Me. Guion. Ces assemblées commençoient par la priere, & finissoient par elle. On n'y portoit aucune passion ; on ne cherchoit que la vérité. On travailloit ensemble, on travailloit séparément : on conféroit sans précipitation & sans préjugé. Pendant ce temps-là, M. l'Archevêque de Paris condamna les Livres de Me. Guion. Nos Examinateurs approuverent cette censure. Enfin, après les huit mois accomplis, après beaucoup de prieres & de sacrifices offerts, ils signerent tous quatre la condamnation des propositions. Ils firent ensuite ces mêmes condamnations dans leur Diocese. Que cette expérience vous mette sur vos gardes, pour ne pas donner entrée chez vous aux nouveautés. Les Livres, les Confesseurs, les écrits donnés mystérieusement, sont les moyens dont le mensonge se sert pour troubler la paix de la conscience. Les filles en sont très-susceptibles. Gardez les vôtres avec une vigilance qui aille jusqu'à la défiance, & demeurez dans votre piété simple. Soyez soumises à vos supérieurs ; ne soyez point curieuses. Nous sommes ignorantes ; mais il n'importe, puisque nous n'avons qu'à nous laisser conduire. Dieu ne nous demandera point si nous avons beaucoup su, mais si nous avons beaucoup fait.

Entretien X.

UN jour que Madame venoit de faire un acte de charité très-considérable, je lui dis : Mais, Madame, il faudra vous nommer la mere des pauvres !

Pour bien faire l'aumône, me répondit-elle, il faut souffrir du soulagement qu'on donne aux autres. Ma place empêche que je ne manque de rien. Mes charités sont pour moi un si grand plaisir, qu'elles ne sauroient être un mérite. Que je me trouverois heureuse, s'écria-t-elle d'un ton pénétré, si je pouvois devenir pauvre à force de secourir les pauvres! Je n'aime point les voyages de Marly: je n'y puis faire aucun bien. A Fontainebleau, j'ai mes pauvres d'Avon; je n'aime que les lieux où je puis répandre de l'argent.

Avec ces sentiments généreux & chrétiens, lui dis-je, il seroit bien à desirer que vous fussiez riche; les malheureux y gagneroient.

Je pourrois l'être sans doute, me répondit-elle : & hier il ne tint qu'à moi d'avoir cent mille écus de rente. J'étois avec le Roi dans son carrosse. Il me dit : Mais, Madame, vous n'avez rien. Il me pressa plus qu'il n'a jamais fait. Vous m'allez bien gronder. Je le priai de ne point s'inquiéter là-dessus, & que j'avois assez, & que plus de bien ne me rendroit pas réellement plus riche. Les revenus du Roi appartiennent au Royaume. C'est de-là qu'il les tire, c'est-là qu'il doit les renvoyer. Ils doivent être employés aux besoins des peuples, & non au luxe d'une femme. Je dis luxe, parce que dans l'état où je suis, ne pouvant jamais parvenir à prendre sur mon nécessaire, toutes mes aumônes ne sont qu'une espece de luxe, bon & permis, à la vérité, mais sans mérite. Et voilà, ma chere fille, les inconvénients de ma place. Il y a des vertus qui deviennent impossibles. Méfiez-vous donc de toutes les fortunes que l'on fait au chevet des Rois.

J'en ai fait une étonnante. Mais ce n'est pas mon ouvrage. Je suis où vous me voyez, sans y avoir tendu, sans l'avoir desiré, sans l'avoir espéré, sans l'avoir prévu. Je ne le dis qu'à vous, car le monde ne le croiroit pas. Je sus ce qu'il en pensoit, dès le moment de mon élévation. Un jour le Maréchal de Créqui prit à part l'Abbé Testu, & lui dit : *Or çà, Monsieur, parlons de cette fortune-là. Il faut que cette femme ait bien de l'esprit, pour avoir imaginé au coin de son feu un projet si brillant & si bien conduit.* L'Abbé Testu m'avoit connue dans tous les temps, & savoit que j'étois fort éloignée de former le projet, je ne dis pas d'être où je suis, mais un simple projet de fortune. Il savoit que je suis, & incapable d'intrigues, & très bornée dans mes vues. Il vouloit donc lui perfuader que ce n'étoit pas moi qui avois conduit ma fortune ; que si je m'en étois mêlée, elle n'auroit pas marché si bien ; que je n'avois fait que m'abandonner aux événemens & à la Providence. Il lui en détailloit les preuves, en lui en montrant les progrès. Mais le Maréchal prenoit pour une profonde habileté, ce que l'Abbé lui remontroit être une imprudence, si j'avois eu un projet. Il admiroit ma magnanimité, la profondeur de mes deffeins, l'adreffe avec laquelle j'avois abufé tous mes amis. Oh ! non affurément, je ne me fuis pas mife où je fuis. Je ne l'aurois ni pu ni voulu. Mais voilà comme les hommes jugent !

Il en eft de cela comme de St. Cyr, qui eft devenu infenfiblement ce que vous le voyez aujourd'hui. Je vous l'ai fouvent dit : je n'aime point les nouveaux établiffemens. Il vaudroit mieux foutenir les anciens. Cependant, fans prefque y penfer, il fe trouve que j'en ai fait un nouveau. Tout le monde croit, que la tête fur mon chevet, j'ai fait ce beau plan. Cela n'eft point. Dieu a conduit St. Cyr par degrés. Si j'avois fait un plan, j'aurois envifagé toutes les peines de l'exécution, toutes les difficultés, tous les détails. J'en aurois été effrayée. J'aurois dit : cela est fort au-dessus de moi. Et le courage m'auroit manqué. Beaucoup de compassion pour la Noblesse indigente, parce que j'avois été orpheline & pauvre moi-même, un peu de connoissance de son état, me fit imaginer de l'assister pendant ma vie. Mais en projettant de faire tout le bien possible, je ne projettai point de le faire encore après ma mort. Ce ne fut qu'une seconde idée, qui naquit du succès de la premiere. Puisse cet établissement durer autant que la France, & la France autant que le monde! Rien ne m'est plus cher que mes enfants de St. Cyr. J'en aime tout jusqu'à leur poussiere. Je m'offre avec tous mes gens pour les servir ; & je n'aurai nulle peine à être leur servante, pourvu que mes soins leur apprennent à s'en passer. Voilà où je tends, voilà ma passion, voilà mon cœur.

Entretien XI.

MAdame s'entretenant avec Mlle. d'Aumale & avec moi, nous tâchâmes de faire tomber la conversation sur divers événements de sa vie, afin d'en tirer, sans qu'elle s'en apperçût, des particularités intéressantes, dont elle seule pouvoit donner connoissance. Nous la remîmes donc de concert sur les commencements de sa faveur. Elle nous répéta ce qu'elle nous avoit déja souvent dit, que, sans l'assurance que les gens de bien, & sur-tout son directeur, lui avoient donnée, que Dieu la vouloit à la Cour, elle n'y seroit jamais demeurée, & qu'elle auroit fait quelque échappée imprudente pour s'en retirer, plutôt que d'y rester.

Mais, ajouta-t-elle, quand je commençai à voir qu'il ne me seroit peut-être pas impossible d'être utile au salut du Roi, je commençai aussi à être convaincue que Dieu ne m'y avoit amenée que pour cela : & je bornai-là toutes mes vues. Je déplaisois fort au Roi dans les commencements : il me regardoit comme un bel esprit, à qui il falloit des choses sublimes, & qui étoit très-difficile à tous égards. Et Madame d'Heudicourt lui ayant dit sans malice, au retour d'une promenade, que Me. de Montespan & moi avions parlé, devant elle, d'une maniere si relevée, qu'elle nous avoit perdues de vue, cela lui déplut si fort, qu'il ne put s'empêcher de le marquer; & je fus obligée d'être quelque temps sans paroître devant lui.

Mais, Madame, lui dis-je, ne vous craignoit-il pas comme prude, & du côté des mœurs ?

Oh non ! dit Madame. Le Roi ne haïssoit pas que l'on fût sage : & cela marque bien que la foiblesse & l'ignorance l'avoient entraîné dans ces galanteries où il passa sa jeunesse. Il aimoit la vertu, la retenue, la modestie, & toutes les qualités particulieres à notre sexe ; & si dès le commencement il avoit trouvé des femmes qui lui eussent parlé comme il faut, & avec la fermeté qu'inspire la sagesse, il ne s'en seroit pas écarté, ou bien il y seroit promptement revenu. Ses commerces malheureux étoient bien avancés, quand je fus connue de lui ; & je n'y suis jamais entrée.

Mlle. d'Aumale lui demanda, si ce que l'on racontoit de la prédiction de sa grandeur future, étoit vrai ?

Oui, dit-elle, c'étoit une espece d'architecte, qui me dit pendant que j'étois encore à Paris, & fort éloignée de la faveur, que j'aurois un jour les plus grands honneurs auxquels une femme pût parvenir, plus de bien que je n'en avois alors, mais jamais à proportion de mon état, & que ce seroit toujours l'endroit le plus foible pour moi. Je le dis à quelques-unes de mes amies, qui en rirent comme moi. Cependant tout ce que cet homme m'avoit prédit, m'est arrivé.

Croirez-vous bien, ajouta-t-elle, que le principe de cette étonnante fortune, à laquelle je n'avois jamais pensé, a été le zele que Me. de Montespan remarqua en moi pour Me. d'Heudicourt, notre amie commune, chez qui elle m'avoit vue souvent ? Je faisois-là les mêmes choses que chez Me. de Montchevreuil. Jamais six heures ne me trouvoient au lit. Et pendant que la maîtresse du logis dormoit jusqu'à midi, je donnois ordre à tout, & souvent même j'aidois les ouvriers. Je me souviens que lorsqu'elle se maria, je fus si occupée d'elle, que je m'oubliai entiérement, & me laissai voir à toute la Cour qui vint à ses noces, aussi négligée & aussi lasse qu'une servante. On s'en apperçut enfin : on me mit promptement dans une chambre, pour m'habiller à mon tour ; & quand je rentrai, Madame de Montespan, ni personne ne me reconnut : tant on me trouva différente de moi-même : le tout, selon ma coutume, pour obliger mes amies, par goût pour le travail, & point par intérêt ; car je n'en pouvois rien attendre. Ce goût m'est resté. Un jour je fus long-temps par terre à devider des fusées, à compter des pelotons, à mettre mon ouvrage en ordre avec une vivacité qui me fatiguoit, mais qui ne me rebutoit pas. Le Roi & les Ministres étoient dans ma chambre, & me disoient : *Vous êtes aussi occupée de vos pelotons, que nous le sommes des affaires de l'Europe.*

Dans le temps que je n'avois que des meubles d'emprunt, j'étois bien éloignée de croire que Me. de Montespan seroit, après Dieu, la premiere cause de cette haute fortune que j'ai faite, & qui m'étonne moi-même. Elle étoit alors fort sage, & disoit même en parlant de la Valliere : *Si j'étois assez malheureuse pour que pareille chose m'arrivât, je me cacherois pour le reste de ma vie.* Nous avons vu qu'elle a dans la suite pensé bien autrement.

Pour en revenir à ce que je vous disois, si Me. de Montespan ne m'avoit connue de ce tempérament infatigable & de ce caractere vrai, elle ne m'auroit pas choisie pour l'emploi que le Roi me confia sous le dernier secret. Une Dame de votre connoissance étoit de leur confidence ; & pour rien au monde, je n'aurois voulu y être comme elle y étoit. Ils ne la choisirent pourtant pas pour l'exécution de leur deſſein, parce qu'ils ſavoient qu'il n'appartient qu'aux perſonnes vertueuſes d'être diſcretes. Ils me vinrent chercher au moment que je ne penſois certainement à rien de pareil. Cette ſorte d'honneur aſſez ſingulier m'a coûté des peines, des ſoins infinis. Je montois à l'échelle pour faire l'ouvrage des tapiſſiers & des ouvriers, parce qu'il ne falloit pas qu'ils entraſſent. Les nourrices ne mettoient la main à rien, de peur d'être fatiguées, & que leur lait ne fût moins bon. J'allois ſouvent de l'une à l'autre, à pied, déguiſée, portant ſous mon bras du linge, de la viande, & je paſſois quelquefois les nuits chez un de ces enfants malades dans une petite maiſon hors de Paris. Je rentrois chez moi le matin par une porte de derriere; & après m'être habillée, je montois en carroſſe par celle de devant, pour aller à l'hôtel d'Albret ou de Richelieu, afin que ma ſociété ordinaire ne ſût pas ſeulement que j'euſſe un ſecret à garder. On le ſut. De peur qu'on ne le pénétrât, je me faiſois ſaigner pour m'empêcher de rougir. Je maigriſſois à vue d'œil. Me. de Monteſpan avoit tant d'indifférence pour cette pénible éducation, que lui ayant écrit que le feu avoit pris à la maiſon, & qu'elle donnât des ordres pour en réparer secretement les ravages, elle me répondit qu'elle en étoit bien-aise, parce que le feu portoit bonheur.

Voilà, ajouta-t-elle, comment la Providence nous conduit insensiblement, & sans que nous nous en appercevions, jusqu'où elle veut nous mener. Mais quand je repasse tout cela, je ne laisse pas d'avoir de la crainte.

Voilà pourtant, repris-je, dans cette conduite de Dieu, bien des sujets de confiance. Car au milieu de votre prospérité, il vous a toujours soutenue de sa main, & préservée dans les occasions les plus périlleuses. Mais je suis frappée d'une pensée ; c'est qu'il me semble que Dieu ne laissoit pas de risquer quelque chose avec vous. Car vous auriez fort bien pu ne pas faire un si bon usage de toutes vos prospérités, & vous perdre au lieu de vous sauver. Oui, dit Madame, en souriant : il ne laissoit pas de risquer quelque chose. Puis elle ajouta : Ah ! il ne risquoit rien : il fait bien ce qu'il fait. Il m'a soutenue d'une maniere admirable. On le ne croira jamais. Il est désagréable de vivre avec des gens de qui l'on n'est pas connue, qui n'ont point été de la vie qu'on a menée, qui n'ont point suivi les intrigues où l'on s'est trouvé ; en un mot, qui sont d'un autre siecle que vous. Et voilà ce que je gagne à vivre si long-temps!

Mlle. d'Aumale lui dit : Voilà, Madame, un livre que je destine pour écrire votre vie, parce qu'on la fera un jour. Et comme on ne l'écrira pas selon la vérité, vous devriez, Madame, l'écrire vous-même. Une conscience aussi délicate que la vôtre, doit se faire un devoir de prévenir les choses fausses que les Historiens débiteront de vous d'après vos ennemis.

Je voudrois bien, lui répondit Me. de Maintenon, glorifier Dieu par qui j'ai fait quelque bien, si j'en ai fait. Je voudrois qu'on sût tout ce qu'il a fait pour moi. Mais je ne puis tout dire, & je suis hors d'état de rien prouver. Ma vie, qui étant remplie des effets de la Providence, feroit agréable à ceux qui aiment Dieu, feroit fort ennuyeuse à ceux qui y chercheroient des intrigues, des événements. Cette vie n'est point faite pour ce siecle. Pourroit-on croire que dans ma faveur, je n'ai jamais songé à moi ; que je n'y étois que pour les autres ; que je pensois sans cesse à mettre par-tout la paix ; que je donnois un conseil contre mon ami, quand le bien de l'Etat le vouloit ; que je follicitois une grace pour mon ennemi, quand c'étoit le mieux? Quand ils le croiroient, quel amufement trouveroient à lire ces chofes, ceux qui n'aiment qu'une lecture agréable? Je regarde ma vie comme un miracle, quand je penfe que je fuis née très-impatiente, & que jamais le Roi ne s'en eft apperçu, quoique fouvent je me fois fentie à bout, & prête à tout quitter; que je fuis née franche, & qu'il m'a fallu toujours diffimuler. Dans les premieres années de ma faveur, je me fâchois quelquefois, quand le Roi ne m'accordoit pas ce que je demandois pour mes parents & pour mes amis. Après cela, j'ai été vingt-fix ans fans dire un mot qui marquât le moindre chagrin. Quelquefois j'étois outrée, & prête à fortir de la Cour. Il n'y a que Dieu qui fache ce que j'ai fouffert. Je pleurois feule; le Roi entroit dans ma chambre : il me voyoit un vifage riant : ma bonne humeur revenoit : il me croyoit très-heureufe & très-contente. Mon deffein a été d'abord de le retirer des femmes, & enfuite de le donner à Dieu. Je n'aurois pu y réuffir, fi je n'avois été extrêmement complaifante & toujours égale. Il auroit cherché du plaifir ailleurs, s'il n'en avoit trouvé avec moi. J'étois-là pour le fanctifier,

& non pour le faire fouffrir, Et delà la réfolution que je pris, & que j'ai bien gardée, de me voir contredite & gênée fans me plaindre. Pour peu que je me fuffe plainte, il m'auroit tout accordé. Mais outre qu'il y auroit eu une efpece de tyrannie dans ce procédé, Dieu ne m'avoit point élevé pour gouverner l'Etat, ou pour diftribuer les graces. Voyez, Mademoifelle, fi la lecture de femblables traits feroit fort amufante. Il n'y a que les Saints qui puiffent y prendre plaifir. Je n'écrirai donc point ma vie ; car il faudroit ne rien taire : & encore une fois, je ne veux pas tout dire; & ce que je dirois, ne feroit pas cru.

LETTRES DIVERSES.

N°. XIV.

LETTRE *de Mr. le Duc de St. Aignan à* LOUIS XIV.

SIRE,

J'Ose me flatter que je n'importunerai pas Votre Majesté en me donnant l'honneur de lui écrire sur les grandes & signalées victoires qu'elle remporte tous les jours. Sera-t elle fatiguée par les marques du zele d'un fidele serviteur, au milieu des acclamations publiques ? Et pourquoi triompheroit-elle, si elle vouloit qu'on ne ne lui dît rien sur ses conquêtes ? D'ailleurs, Sire, en vérité, votre gloire m'éblouit ; votre épée lasse ma plume, & le bruit éclatant que fait la renommée en publiant vos louanges, empêchera peut-être que je ne sois écouté. Mais quel moyen de pouvoir se taire ? & comment cacher ma satisfaction, en voyant mon auguste Maître prêt à le devenir de tant de Nations ? Je n'ose plus parler, Sire, sur cette valeur intrépide, mais incorrigible, qui a fait encore pis à Cambray qu'elle n'avoit fait à Valenciennes : & je vois bien que je suis destiné à passer avec de cruelles inquiétudes dans la paix, tous les jours que Votre Majesté passera dans la guerre. Plût à Dieu, Sire, que vous fussiez de retour à Versailles ! Vous n'y seriez pas moins le vainqueur de Flandres, que vous le serez à la tête de vos armées. Et sans porter vous-même la terreur & la mort à vos ennemis, votre invincible nom suffiroit pour les surmonter. Cependant, Sire, je ne sais quasi par où louer Votre Majesté. Forcer de toutes parts les meilleures Places, gagner des batailles, vaincre par-tout, n'être jamais vaincu, se voir la crainte de ses ennemis, l'appui de ses voisins, les délices de ses sujets, l'admiration de l'Univers ; que peut-on desirer de plus ? Et quel bonheur pourra s'égaler au mien, si vous me faites l'honneur de me croire au point où je le suis, Sire, &c.

Paris, 13 d'Avril 1677.

RÉPONSE.

RÉPONSE.

Mon Cousin, je connois trop bien le fond de votre cœur, pour douter de votre joie dans les favorables succès dont il plaît à Dieu de bénir mes armes. Je ne suis pas moins persuadé de vos inquiétudes pour les fatigues & les accidents où l'on est obligé de s'exposer en des expéditions comme celle-ci. Mais vous jugez bien qu'on ne peut réussir autrement. Et après tout, vous conviendrez qu'il faut toujours faire son devoir, & du reste, se recommander à Dieu. Je le prie de vous avoir, mon Cousin, en sa sainte & digne garde.

A Dunkerque, le 27 d'Avril 1677.

LETTRE de Mr. le Duc de Saint-Aignan.

SIRE,

NE pourrons-nous jamais nous abandonner à la joie, sans la trouver mêlée d'inquiétude & de crainte? Et ne saurions-nous apprendre que Votre Majesté emporte les meilleures places l'épée à la main, sans savoir en même-temps combien elle s'y est exposée! Bon Dieu!

Sire, ne vous lafferez-vous jamais de faire trembler vos ferviteurs, auffi-bien que vos ennemis ? Faut-il que, malgré moi, j'ofe blâmer Votre Majefté dans un temps où elle reçoit des louanges de toute la Terre ? Pardonnez, Siré, à l'ardeur de mon zele les premiers mouvements qu'il ne m'eft pas poffible de retenir ; & permettez-moi de dire, que fi j'ai beaucoup de paffion pour la gloire de Votre Majefté, je n'ai pas moins de refpectueufe tendreffe pour fa perfonne facrée. Songez, au nom de Dieu, Sire, que plus vous êtes grand & victorieux, plus cet Etat doit fouhaiter votre confervation. Mes vœux & mes fouhaits feroient bien de voir votre Majefté maîtreffe de tout l'Univers. Mais, en vérité, j'aimerois quafi mieux qu'elle le pût être de fon grand courage. Si le Ciel accorde à mes prieres, comme je le veux efpérer, ce que je lui demande tous les jours avec ferveur, Votre Majefté n'aura rien à defirer en fes profpérités ; & quand il ne s'agira pour y contribuer, que de prodiguer mon fang & de hafarder ma vie, vous connoîtrez toujours que je fuis fans réferve, &c.

RÉPONSE DU ROI.

Mon Cousin, vous avez un art admirable, pour me témoigner votre joie dans la prospérité de mes armes. C'étoit autrefois par des éloges, maintenant c'est par des frayeurs du péril & des fatigues où vous dites que je me suis exposé pour me rendre maître de Valenciennes ; mais je n'ai pas de peine à démêler ces différents mouvements de votre cœur ; je les réunis tous dans le seul principe de votre zele pour ma personne, & je les reçois avec un agrément dont vous devez être satisfait. Cependant je prie Dieu, &c.

Au Camp devant Cambray, le 27 Mars 1677.

Signé LOUIS.

N°. XVIII.

Extrait d'une Lettre de Mr. le Maréchal de Luxembourg au Roi.

Août 1672.

Les choses en cet état, les ennemis étant sortis des bois, & étant venus fort près de nous, poser les chevaux de

Frife, derriere lesquels ils faisoient un feu très-considérable, tout le monde, d'une commune voix, proposa de mettre nos meilleures pieces en œuvre, & de faire avancer la brigade des Gárdes. L'ordre ne lui en fut pas sitôt donné, qu'elle marcha avec une fierté, qui n'étoit interrompue que par la gayeté des Officiers & des soldats. Eux-mêmes aussi-bien que tous les Généraux, furent d'avis de n'aller que l'épée à la main, & c'est comme cela qu'ils marcherent. Les Gardes Suisses, imitateurs des François, marcherent avec la même gayeté & la même hardiesse. Les ennemis ne purent tenir contre la contenance qu'avoit la brigade des Gardes: je dis contenance, parce qu'elle ne tira pas un seul coup. Mais la vigueur avec laquelle elle alla aux ennemis, les surprit assez, pour qu'ils ne fissent qu'autant de résistance qu'il en falloit pour en être joints, & au même temps, tués de coups d'épées & de piques. Tous les Gardes étant entrés dans les bataillons ennemis, d'Avejean mena cette brigade avec toute la capacité & toute la valeur qu'on devoit attendre de lui. Il n'y eut pas un Commandant de bataillon qui ne suivît son exemple, & qui ne doive être loué, aussi-bien que tous les Capitaines,

& généralement tous les autres Officiers ; & on peut dire que si ce Régiment avoit été comme un autre de l'armée, il auroit mérité de devenir le Régiment des Gardes de Votre Majesté, puisque, hors celui des Gardes Angloises, cette brigade a battu tous les autres Régiments des Gardes d'Angleterre.

N°. XIX.

Lettres de Louis XIV à Madame de Maintenon.

LETTRE I.

(1) JE profite de l'occasion du départ de Montchevreuil, pour vous assurer d'une vérité qui me plaît trop pour me lasser de vous la dire ; c'est que je vous chéris toujours, & que je vous considere à un point que je ne puis exprimer ; & qu'enfin, quelque amitié que vous ayez pour moi, j'en ai encore plus pour vous, étant de tout mon cœur tout-à-fait à vous.

Signé LOUIS.

---

(1) Cette Lettre est sans date : c'est le seul billet doux de Louis XIV à Me. de Maintenon.

LETTRE II.

(1) *Au Camp deuant Mons, le 9 Avril 1691, samdy a 10 heures du matin.*

JE nescris ce billet que pour marquer lordinaire, car je despeschrai bientoft de Lisle qui uous portera ce que je pense pour uotre uoiage ; je me porte asses bien, je uas uoir ajourduy une partie de larmée, & je feray en estat de partir jeudy matin, pour me rendre samedy au soir à Compiegne, ou jauré le plesir de uous uoir ; je souhaitte que ce soit en bonne sancté. La capitulation a este signée, uoilà une grande affaire finie. Jaurai ojorduy une porte a midy, & la garnison sortira demin mardy a midy ; remerciés bien Dieu des graces qu'il me fait. Je crois que uous le ferés avec plesir.

---

(1) J'ai copié moi-même ces Lettres sur les originaux, & je les donne avec leurs fautes. Louis XIV formoit l'*n* comme un *u*, & *l* comme une *ſ*. Me. de Maintenon brûla toutes les Lettres du Roi.

LETTRE III.

LE Gentilhomme de Lauzun naiſt pas encore arriué, mais il vient darriuer un courier de Breſt, party long-temps après ledit Gentilhomme, qui aporte que le Major de Surloben eſt arrivé auec un paſſeport de Lauſun acauſe de ſa maladie, qui dit que le canon eſtoit desja embarqué, que le treſor a pery, & que, que les meſures eſtoient priſes pour embarquer ſes troupes, pour le repaſſer en France. Je croy que uous ne ſerés pas faſchée de ſavoir leſtat des choſes, quoy quelles ſoyent pas trop bonnes, ils manquoient de uiures & de toute autre choſe. Le treſor pery eſt le mien, & non pas ſeluy du Roi dangleterre.

LETTRE IV.

LE Major de larmée naualle uient d'arriuer, Uillette a obligé les ennemis de bruſler 4 des 6 uaiſſaux quil ſuiuoit, & les 2 autres ſont eſchoués ; enfin, il y en a de bruſlés ou coulés a fons, 14 uaiſſeaux, & les uaiſſeaux legers en ſuivent encore 4 incomodés; je n'en ai aucun hors de combat, le Major croit que par le uend qu'il faifoit a la mer, que les ennemis retireront le refte de leurs uaiffeaux dans leurs ports, & que Touruille mouillera uenant des dunes; Chateaurenaud eft arrivé a Breft auec tous mes uaiffeaux & beaucoup dautres Anglais, chargés de 12 milles Irlandois; je croy que uous ne ferés pas fafchée de fauoir cette nouuelle.

LETTRE V.

A neuf heures.

LES ennemis ont fait une deffente a Ramarent, mais ils ont eftés taillés en piece, par les troupes de marine, qui gardoient ce pofte. Lon a fait 500 prifonniers, & tues 6 ou 7 cents; lon a pris un uaiffeau efchoué, Talmac, qui commendoit, a efté tué, baucoup de leurs gros uaiffeaux ont efté fort incommodés; on dit quils en ont bruflés un quils ne pouuoient enmener, & que quelques chaloupes a bombes ont efté coulées a fonds : ils ont mis a la uoile, & fe font retirés; & je fens une grande joie de ce qui seft paffé, que vous partagerez fans doute avec moy ; je croy que les Dames de St. Louis ne feront pas fachées dapprendre cette nouuelle, qui eſt tres-confiderable dans cette conjončture.

LETTRE VI.

A onze heures.

IL uient darriver un Courier du M^{al} de Catinat, qui maporte la nouuelle de la concluſion de la treue, les oſtages ont eſtés donnés. Teſſé & Boufoles de ma part, le C. Tane & le Mrs. Daife de Selle de Sauoie ; j'ai cru que uous ne feriés pas faſché de fauoir une nouuelle, qui marque la bonne foi du Duc de Sauoie, & que les affaires aproche fort de fa concluſion ; le neueu du M^{al} de Touruille uient darriuer, qui eſt party jeudy de la flotte, qui dit quon les pourſuiuoit encores, que Villette eſt après 6 uaiſſeaux defmatés qui fuient ; il a dix uaiſſeaux, & le uend bon, on a ueu couler a fons ou bruſler 8 uaiſſeaux, dont 6 Hollandois & 2 Anglois. La place capitule, on a pris cette nuit la corne fans réſiſtance ; uoila ce que jai apris de bon, que je vous mande dans le moment : remercions Dieu.

LETTRE VII.

JE croy que uous ne ferés pas faſchée de la nouuelle que je uiens de receuoir, Mr. de Uandome, auec 1200 chlx, a battu toutte la caualerie ennemie, au nombre de 4500; tous les Officiers G^{aux} y ont fait merueille; Longueual y a eſté bleſſé, uous en faurés tantoſt dauantage. Je ne pouray eſtre chez uous qu'a 3 heures, prenes des meſures pour euiter les importuns. Je fuis très-faché de ce retardement, mais le conſeil ne finira pas pluſtoſt.

LETTRE VIII.

A neuf heures & demie.

JE uiens dauoir nouuelle que la citadelle de Palamos feſt rendue, & que le Gouuerneur & toutte la garniſon, au nombre de 14 cents hommes, font priſonniers de guerre. Il n'y a rien eu en Flandres, depuis que je uous ay quittée. Jay change de reſolution pour ma journée, le beau tems qu'il fait, mempeſche daller a St.

Germain, je remettray ce uoiage a demin, & pour ojourduy je difneray au petit couuert, jirai a la chaffe, & je me rendray a fix heures & demie à la porte de St. Cir du parc ou je feray trouuer mon grand caroffe; jefpere que uous my uiendrez trouuer, avec telle comp^e. qu'il uous plaira, nous nous promenerons dans le parc, & nous nirons point a Trianon en reuenant demin de St. Germain; jirai a St. Cir au falut en habit deffent, & nous reuiendrons enfemble: uoila ce que je croy de mieux.

LETTRE IX.

JE uous enuoie une rélation imprimée que la C. de Grammont ne fera pas fafchée de uoir, fon frere n'eftant que pris, je fait quelle eft a St. Cir; c'eft pourquoi je me preffe de uous aprendre fes nouuelles, qui ne ualoient pas la peine de uous eftre mandée fi promtement fans cela.

Les ennemis fe font retirés, & le Roi d'Efpagne eft maiftre de Madrid; j'ay cru que uous ne feriez pas fafchée de fauoir cette nouuelle, en attendant que vous fachiés un plus grand détail.

LETTRE X.

A midi.

LA paix neft pas encore faitte, mais elle fera bientot fignée; le Prince Eugene eft reuenu a Raftat, & Villars y alloit retourner; on eft daccort de tout, & jordonne a Villars de figner; j'ai cru que vous ne feries pas fafchee de favoir cette bonne nouuelle quelques heures pluftoft, il ne faut rien dire, fi ce n'eft que le Prince Eugene eft revenu a Raftat, que les conferences fe recommence. Je ne doute pas de la pais. Je m'en rejouis avec uous. Remercions bien Dieu.

N°. XX.

PREMIERE LETTRE
de l'Electeur de Cologne, JOSEPH CLEMENT, *à Me. de* MAINTENON.

A Namur, ce 9 Juillet 1711.

MADAME,

VOUS savez que ce qui m'a fait jusqu'ici regarder mes malheurs avec constance, a été la bienveillance dont il a plu à SA MAJESTÉ TRÈS-CHRÉTIENNE de m'honorer, comme la chose du monde la plus précieuse pour moi; mais ayant appris par M. l'Electeur de Baviere, mon très-cher frere, que par de faux rapports, j'ai eu le malheur de perdre ses bonnes graces, j'en ai un si sensible déplaisir, que pour me disculper envers elle, j'oublie en ce moment, Madame, la défense que, vous m'avez faite de vous écrire, pour vous prier très-instamment de vouloir bien jetter les yeux sur le Mémoire ci-joint, qui vous instruira amplement de l'affaire dont il s'agit, quoique je ne doute pas que Messieurs les Ministres ne vous en ayent déja informée. Après avoir reconnu par-là mon innocence, & la droiture de mes intentions, j'espere, Madame, que vous serez ma protectrice, comme vous avez eu la bonté de me le promettre, pour que je puisse me justifier auprès du Roi, & le désabuser des mauvaises impressions qu'on lui a données de ma conduite. J'ose vous en supplier très-humblement; & cependant, je demeure avec autant de confiance que de respect, Madame, votre très-soumis serviteur & ami.

Signé JOSEPH-CLÉMENT,
Électeur de Cologne.

N°. XX.

SECONDE LETTRE

Du même à la même.

MADAME,

SI j'avois suivi mon penchant, je me serois donné quelquefois l'honneur de vous écrire, pour vous demander la continuation de vos bontés; mais la déférence que j'aurai toute ma vie pour vos volontés, & la crainte de vous déplaire, m'ont retenu jusqu'à préfent; & fi je fais aujourd'hui quelque chofe contre vos ordres, Madame, vous ne devez l'attribuer qu'à l'affreufe néceffité & à la cruelle fituation où je me trouve. Il eft naturel aux enfants de recourir dans leurs preffants befoins à la favorable affiftance de leur mere; & comme vous avez bien voulu m'affurer que vous m'en ferviriez dans l'occafion, j'efpere que votre puiffante protection, Madame, laquelle j'implore, pourra me retirer promptement de l'abyme où je fuis. Madame la Marquife de Dangeau expliquera qu'il s'agit de mes fubfides, dont au lieu de cent quatre mille cinq cents livres que je devrois, en vertu de mon Traité, toucher tous les mois, je ne reçois qu'aux environs de la moitié; & mettant toute ma confiance en votre apui, je demeure avec la vénération la plus refpectueufe, Madame, votre très-foumis ferviteur & ami.

Signé JOSEPH-CLÉMENT,
Électeur de Cologne.

A Valenciennes, ce 26 *d'Août* 1712.

N°. XXII.

TROISIEME LETTRE

Du même à la même.

A Valenciennes, ce 13 Décembre 1712.

MADAME,

ON ne peut être plus sensible que je le suis aux bontés que vous me témoignez par l'obligeante lettre dont vous m'avez honoré. J'espere que vous daignerez m'accorder votre protection dans toutes les occasions où j'en pourrai encore avoir besoin à l'avenir ; mettant toute ma confiance en votre favorable appui, je ne négligerai rien, Madame, pour mériter cette glorieuse protection, & pour vous donner autant qu'il dépendra de moi des preuves effectives du dévouement respectueux avec lequel je serai toute ma vie, Madame, votre très-soumis serviteur & ami.

Signé JOSEPH-CLEMENT,
Électeur de Cologne.

N°. XXIII.

QUATRIEME LETTRE

Du même à la même.

A Paris, ce 9 Décembre 1714.

MADAME,

SI jamais j'ai été fenfible à quelque joie, ç'à été en recevant l'obligeante Lettre que vous m'avez fait l'honneur de m'écrire : permettez, Madame, que je vous en rende mille graces, & que je vous prie très-inftamment de me continuer toujours cette précieufe bienveillance dont il vous plaît de m'honorer. Je vois les affaires d'une affez bonne difpofition pour moi, & il n'y a maintenant qu'à en venir à une prompte exécution, pour me faciliter les moyens de retourner inceffamment dans mes Etats, où ma préfence eft fi néceffaire pour le fervice de S. M. Très-Chrétienne, autant que pour mes intérêts. Que ne m'eft-il permis avant mon départ, Madame, de prendre congé de vous, & de vous assurer moi-même, comme je prends la liberté de faire par cette Lettre, que je ferai toute ma vie, avec autant de reconnoissance que de respect, Madame, votre très-soumis serviteur & ami.

Signé JOSEPH-CLÉMENT,
Electeur.

N°. XXIV.

MEMOIRE.

LE Roi a témoigné à S. A. E. de Baviere, qu'il n'étoit pas content que les troupes de S. A. S. E. de Cologne ne soient pas entrées en campagne quand on a assemblé l'armée, en imputant la faute à sadite A. E. de Cologne, & ajoutant que ses Officiers n'étoient que des pillards, qui songeoient plutôt à profiter des fourrages qu'à rétablir leurs Compagnies.

Il est vrai que S. M., par des raisons assez connues aux Ministres, a eu la bonté de passer les fourrages complets aux troupes de S. A. S. E., laquelle a ponctuellement exécuté ce qu'elle avoit promis à cette condition. Sa Cavalerie & ses Dragons étant complets en hommes, & en menus équipages, c'est-à-dire en selles, brides, bottes, ceinturons, armes, & autres choses nécessaires, comme on le peut faire voir à telle personne qu'il plaira au Roi de nommer pour lui en rendre compte. Tout cela est prêt depuis long-temps. Quant à l'habillement, il est tout emballé chez les Marchands Galloy, & tout prêt à partir quand ils auront reçu de l'argent. Mais quelques sollicitations que l'on ait pu faire, S. A. E. de Cologne n'a rien pu tirer sur les dix derniers mois de l'année passée, les assignations qu'on lui avoit données, tant sur la Capitation du Clergé que sur le Trésor Royal, s'étant trouvées de nulle valeur, & M. des Marets n'ayant point encore donné d'autres fonds à la place de ceux-là : quant à l'année courante, sadite A. S. E. n'a touché jusqu'ici de ses subsides que deux cents quarante-quatre mille livres, quoique nous soyons déja dans le septieme mois ; ce qui n'a pas suffi à l'entretien de ses troupes & de ses domestiques, qui sont toujours dans la même nécessité, encore bien qu'elle mette tout en usage pour les soulager. Ce n'est donc pas sa faute si ses troupes n'ont pu être en état de marcher à l'ouverture de la campagne, puisqu'on ne lui a rien tenu de ce qu'on lui avoit promis à Paris pour leur rétablissement, & que faute de moyens, elle n'a pu pourvoir à la remonte, ni retirer l'habillement qui est encore chez les Marchands ; c'est à son grand déplaisir qu'elle les voit dans cet état, & languir comme elles sont dans des garnisons, pendant que tout le monde est en campagne. Mais si l'on veut donner promptement quelque somme considérable à S. A. E. de Cologne sur ses ariérés, elle promet & s'engage de les y faire marcher plus belles & plus completes que jamais, un mois pour le plus tard après avoir reçu cet argent. Elle espere que par-là on connoîtra la droiture de ses intentions, & que le Roi désabusé des mauvaises impressions qu'on lui a données contre elle, aura la bonté de lui rendre ses bonnes graces, & de lui accorder la continuation de cette précieuse bienveillance dont il a bien voulu l'honorer jusqu'ici.

No. XXV.

MÉMOIRE.

Son Alteſſe Séréniſſime Electorale de Cologne eſt bien fâchée de ne pouvoir avoir l'honneur de prendre congé de Me. de Maintenon, avant que de partir de ces pays-ci pour retourner dans ſes Etats; mais l'incommodité dont elle a été accablée depuis qu'elle eſt à Paris, l'a empêchée, non-ſeulement de faire aucune démarche pour cela, mais encore de prendre la liberté de lui écrire de main propre. A ce défaut Monſieur, l'Electeur oſe prier très inſtamment Me. de Maintenon par le préſent Mémoire, de vouloir bien ſe ſouvenir, qu'elle lui a promis d'employer ſon puiſſant crédit en ſa faveur, & de lui ſervir de mere & de protectrice dans toutes les occaſions où il en pourroit avoir beſoin. Comme il s'agit aujourd'hui de régler ſes affaires par rapport à ſes ſubſides, ſuivant l'état de ſes prétentions qu'il a fait livrer à M. des Maretz, & que ce Miniſtre pourroit peut-être faire naître quelques difficultés qui en retarderoient la prompte concluſion, S.

A. S. E. espere que par la favorable entremise de Me. de Maintenon, on tranchera toutes les difficultés qui pourroient survenir, d'autant plus qu'elle ne demande rien que de juste & de conforme à ses Traités, & que le Roi n'y est point intéressé, ou du moins pour si peu de chose, que cela ne vaut pas la peine qu'on y fasse attention. Monsieur l'Electeur a déja reçu tant de marques de bonté & de générosité de la part de S. M., qu'il ne doute pas qu'Elle ne continue à lui témoigner dans cette derniere occasion, comme elle a fait en toute autre, la précieuse bienveillance dont Elle a bien voulu l'assurer Elle-même. Il ne demande pas qu'on lui donne présentement ce qu'elle aura la bonté de lui passer, mais seulement que Mr. des Marets prenne avec lui par ordre du Roi des arrangements pour le lui payer, afin que S. A. S. E. puisse satisfaire à toutes les dettes qu'elle a été obligée de contracter pendant qu'on ne lui a payé ses subsides qu'en papier. Si elle peut obtenir cela, par la puissante assistance de Madame de Maintenon, elle lui sera redevable toute sa vie, & ne manquera jamais à la reconnoissance qu'elle lui devra pour un si grand bienfait.

Signé JOSEPH-CLÉMENT,
Electeur.

N°. XXVI.

*LETTRES de LOUIS XIV à
diverses personnes.*

LETTRE I.

A LA REINE.

Nantes, 19 Septembre 1661.

Madame ma mere, j'ai déja écris ce matin l'exécution des ordres que j'avois donnés pour faire arrêter le Sur-Intendant. Mais je suis bien-aise de vous mander le détail de cette affaire. Vous saurez qu'il y a long-temps que je l'avois sur le cœur. Mais il a été impossible de le faire plutôt, parce que je voulois qu'il fît payer auparavant 300000 francs pour la Marine, & que d'ailleurs, il falloit ajouter diverses choses qui ne pouvoient se faire en un jour. Vous ne sauriez vous imaginer la peine que j'ai eue de trouver moyen de parler en particulier à d'Artagnan. Car je suis accablé tous les jours par des gens fort alertes, qui auroient pu pénétrer bien avant,

Néanmoins il y avoit deux jours que je lui avois commandé de fe tenir prêt, & de fe fervir de du Claveau & de Maupertuis, au défaut des Maréchaux-de-logis & des Brigadiers de mes Moufquetaires, dont la plupart font malades. J'avois la plus grande impatience du monde, que cela fût achevé, n'y ayant plus autre chofe qui me retint en ce pays. Enfin, le Sur-Intendant étant venu travailler avec moi à l'accoutumée, je l'ai entretenu tantôt d'une matiere, tantôt d'une autre : & j'ai fait femblant de chercher des papiers jufqu'à ce que j'aye apperçu par la fenêtre de mon cabinet, Artagnan dans la cour du Château. Alors j'ai laiffé aller le Sur-Intendant, qui, après avoir caufé un peu au bas du degré avec la Feuillade, a difparu dans le temps qu'il faluoit le Tellier; de forte que le pauvre d'Artagnan croyoit l'avoir manqué, & m'envoya dire par Maupertuis qu'il falloit que quelqu'un lui eût dit de fe fauver. Mais il le rattrapa dans la place de la grande Eglife, & l'a arrêté de ma part environ fur le midi. Il lui a demandé les papiers qu'il avoit fur lui. On m'a dit que j'y verrois l'état au vrai de Belle-Ifle. Mais j'ai tant d'autres affaires, que je n'ai pu le voir encore. Cependant j'ai

commandé

commandé à Boucherat d'aller sceller chez le Sur-Intendant, & à Pellot d'aller chez Pellisson, que j'ai aussi fait arrêter. J'avois témoigné que je voulois aller ce matin à la chasse : & sous ce prétexte, j'avois fait préparer mes carrosses, & monter à cheval mes Mousquetaires. J'avois aussi commandé mes Compagnies de Gardes, qui sont ici pour faire l'exercice dans la prairie, afin de les avoir toutes prêtes à marcher à Belle-Isle, dès que l'affaire auroit été faite. On a mis le Sur-Intendant dans un de mes carrosses. Mes Mousquetaires qui le suivent, le menent au Château d'Angers, d'où il m'attendra en relais, tandis que sa femme par mon ordre s'en va à Limoges. Fourville qui marcha à l'instant avec mes Compagnies de Gardes, a ordre de s'avancer à la rade de Belle-Isle, d'où il détachera Chavigny, Capitaine, pour commander dans la place avec cent François & soixante Suisses qu'il lui donnera. Et si par hasard celui que le Sur-Intendant y a mis vouloit faire résistance, je leur ai commandé de le forcer. J'avois résolu d'abord d'en attendre des nouvelles. Mais les ordres sont si bien donnés, que, selon toutes les apparences, j'aurai tout sans qu'il m'en coûte rien. Voici la derniere lettre que je vous écrirai de ce voyage. J'ai difcouru de cet accident avec ces Meffieurs qui font avec moi. Je leur ai dis franchement qu'il y avoit quatre mois que j'avois formé ce projet ; qu'il n'y avoit que vous feule qui en euffiez eu connoiffance, & que je ne l'avois comuniqué à le Tellier que depuis deux jours, pour faire expédier les ordres. Je leur ai déclaré auffi que je ne voulois plus de Sur-Intendant, mais travailler moi-même aux finances, avec des perfonnes fidelles qui agiront fous moi, connoiffant que c'étoit le vrai moyen de me mettre dans l'abondance, & de foulager mon peuple. Vous n'aurez pas de peine à croire qu'il y en a eu de bien penauds. Mais je fuis bien-aife qu'ils voyent que je ne fuis pas fi dupe qu'ils s'étoient imaginés, & que le meilleur parti eft de s'attacher à moi. J'oubliois de vous dire que j'ai dépêché mes Moufquetaires partout fur les chemins & jufqu'à Saumur, afin d'arrêter tous les couriers qu'ils rencontreront allant à Paris, & d'empêcher qu'il n'en arrive aucun, avant celui que j'ai envoyé. Ils me fervent avec tant de zele & de ponctualité, que j'ai tous les jours plus de fujet de m'en louer. En cette derniere occafion, quoique j'euffe donné plufieurs ordres, ils les ont bien exécutés en un même temps, fans que perfonne ait pu rien pénétrer. Au refte, j'ai déja goûté le plaifir qu'il y a de travailler aux finances, ayant, dans le peu d'application que j'y ai donné cet après-dîné, remarqué des chofes importantes, dans lefquelles je ne voyois goutte. On ne doit pas douter que je ne continue. J'aurai achevé dès demain tout ce qui me refte ici, & à l'inftant je partirai avec une joie extrême de vous aller embraffer, & vous affurer moi-même de la continuation de mon amitié.

LETTRE II.

Au Duc Mazarin.

A Fontainebleau, 13 *Sept.* 1661.

M. C., après avoir fait arrêter le Sur-Intendant de mes Finances, ce que vous favez, il pourroit fe faire que j'aurois befoin des deux millions que vous avez offert de me prêter. Et comme je ne doute point que je n'en puiffe faire état, je vous dépêche ce courier pour vous mander que vous me ferez plaifir de donner ordre à vos gens d'affaires de

L ij

fournir cette somme, à mesure que je jugerois à propos de m'en servir, & suivant l'ordre que je leur donnerois. Je vous dirai par même moyen que je suis très-satisfait du soin avec lequel Mr. le Maréchal de la Meilleraye s'est employé pour contribuer à ma satisfaction dans le don de 3000000, que les Etats de Bretagne m'ont accordé en dernier lieu. C'est une suite de son zele pour le bien de mon service, que j'ai connu depuis long-temps. Donnez-moi de vos nouvelles, aussi souvent que le mérite mon affection pour vous, & croyez que c'est du meilleur de mon cœur que je prie, &c.

LETTRE III.

Au Roi de Danemarck.

Le 20 Janv. 1663.

MOnsieur mon frere, je ne saurois vous exprimer la satisfaction que j'ai eue de l'inconnu (*le P. R. de Danemarck*) dont votre Ambassadeur m'avoit parlé. Il est si bien fait, qu'il ne faut simplement que le voir, pour le juger digne d'une Couronne. J'estime ma Cour heureuse de la curiosité qui l'a obligé d'y passer. J'espere qu'il n'en partira pas sans être persuadé qu'il n'y en a pas une au monde, où il puisse être mieux reçu.

LETTRE IV.

Au Comte Ulefeld (1).

J'Ai lu votre Lettre & le Mémoire dont elle étoit accompagnée. Je voudrois bien pouvoir profiter de l'avis que vous me donnez ; mais j'y vois peu d'apparence, puisqu'il faudroit ôter aux Anglois & aux Hollandois la liberté d'un Commerce qui leur est acquis par leurs Traités avec le Roi de Danemarck. Par les mêmes Traités, ils doivent jouir de tous les avantages que ledit Roi pourroit accorder à l'avenir aux étrangers. De sorte que du moment que je penserois avoir obtenu un privilege pour mes seuls sujets, il leur deviendroit commun avec les Anglois & les Hollandois. Si par les lumieres que vous avez, vous pouvez

―――――――

(1) Grand-Maître de Danemarck, beau-frere de Fréderic III, & condamné à avoir la tête tranchée. Ulefeld étoit alors refugié à Bruges.

trouver quelque expédient pour surmonter ces obstacles, vous me ferez plaisir de me le mander. Cependant je vous remercie de la continuation de votre affection pour moi, vous assurant que les effets m'en seront toujours fort agréables, & que je les reconnoîtrai suivant leur mérite.

LETTRE V.

Au Prince de Conti.

Paris, 29 Décembre 1665.

APrès avoir vu & examiné toutes les raisons contenues dans vos Lettres touchant l'offre de 1400000 livres, qui m'est faite par les Etats de ma Province de Languedoc, je ne puis que me louer de la maniere respectueuse & soumise avec laquelle cette délibération s'est passée. Mais je ne doute pas que, sur ce que vous avez appris de ma volonté par les Lettres qui vous ont été écrites depuis quinze jours, vous ne soyez rentré dans l'assemblée pour y faire connoître, par la force des raisons qui vous ont été déduites, à quel point toute la Province est obligée à ma volonté de ce que je veux bien appuyer avec tant de soin & d'ardeur la construction d'un port au Cap de cette Province, comme aussi celle du canal de communication des Mers, & même y contribuer de ce qui m'est absolument nécessaire pour les dépenses de mon Etat. En effet, si vous considérez bien la situation de la Province à l'égard de tout le commerce du Levant, & l'avantage extraordinaire que ces deux ouvrages lui apporteroient, vous trouverez assez de raisons pour persuader sur ce sujet les moins zélés & les plus durs pour le bien de leur patrie, & les convaincre qu'il n'y a rien qu'ils ne doivent faire pour commencer, & s'il est possible, pour finir de leur temps une entreprise qui me sera si glorieuse, & qui leur sera si utile. Enfin, vous ne devez point vous relâcher, ni sur ce qui vous a été expliqué, ni sur le don gratuit, ni sur les sommes que je desire qui soient imposées par la Province pour ces importants ouvrages : d'où dépend le seul moyen d'attirer l'abondance dans le pays, & de remédier à l'épuisement d'argent que vous y remarquez. Quant aux impositions qu'on est obligé de faire pour l'acquittement des dettes, vous savez mieux que personne combien j'ai toujours pressé la liquidation de ces mêmes dettes.

Ce seroit un notable soulagement pour le pauvre peuple. Au surplus, je vous recommande de ne pas perdre un moment pour faire finir les Etats, & je vous assure que je suis fort satisfait de vos soins & de votre zele.

LETTRE VI.

A Mr. de Pradel.

Paris, 25 Décembre 1665.

J'Ai reçu vos lettres du 6 & 11 de ce mois, & j'ai vu dans celle-ci avec beaucoup de satisfaction le châtiment des trois soldats qui avoient été au pillage, m'assurant que cet exemple aidera fort à contenir mes troupes dans le devoir. Ne perdez point l'occasion de leur faire bien comprendre qu'il n'y aura point de quartier pour les coupables de moindre désordre; & que les Officiers sachent que j'entends qu'ils m'en répondent, & que vous ne pouvez pas vous dispenser de m'avertir de toutes les plaintes après les ordres réitérés que vous en avez reçus de moi. Je m'étonne du peu de nouvelles que vous avez des ennemis. Je ne doute pas que vous ne faſſiez tout ce qui ſera poſſible pour en avoir plus ſouvent, & qui ſoient bien aſſurées. J'attends avec impatience celles du prochain ordinaire, pour ſavoir ce qu'on aura fait après la priſe de Lochen, ayant grande envie que mes troupes ne demeurent pas inutiles; & ce n'eſt pas ſans raiſon; car il n'y a rien de plus important dans l'état préſent des affaires, que d'incommoder de toute maniere l'Evêque de Munſter, ſoit en ravageant ſon pays & enlevant hommes & beſtiaux, ſoit en harcelant ſans relâche ſes gens pour les attirer à quelque combat, ſoit en lui ſurprenant ou même en attaquant quelque poſte, ce qui ne me paroît pas plus difficile durant la gelée, que de camper dans la neige comme j'apprends que vous faites. Contribuez donc, avec ſoin, application & induſtrie, & n'oubliez rien pour cet effet, tant à l'égard de mes troupes, qu'envers le Prince Maurice, & les Députés des Etats. On pourra même s'en entendre avec le corps de Brunſwick; en ſorte que de ſon côté il agiſſe pour la même fin, comme il peut faire aiſément, puiſqu'il eſt déja de dix mille hommes, & ſera bientôt de douze mille. Enfin, vous devez avoir pour but de tourmenter ledit Evêque par toutes les voies pratiquables, & de le défespérer à tel point, qu'il ne voye de repos ni de sûreté pour lui que dans un accommodement. En ces occasions ni aux autres qui se présenteront, ne laissez pas en-arriere mes Gardes, mes Mousquetaires, ni la Compagnie de mon fils. Je croirois leur faire tort, si je ne vous disois que j'entends qu'ils soient employés par préférence, en tout ce qu'il y aura de difficile, d'extraordinaire, de périlleux & de fatiguant. Le zele avec lequel ils me servent, & que vous me témoignez qu'ils ont fait paroître encore en ce siege de Lochen, mérite bien qu'on les choisisse pour donner l'exemple à tout le reste du corps que vous commandez, & de l'émulation à celui du Prince Maurice. Et je suis persuadé qu'ils s'y porteront avec joie, n'ayant pas lieu de douter que je ne prenne connoissance du détail de leurs services. Vous témoignerez de ma part à tous les Officiers qui auront fait leur devoir en l'attaque du même poste, la satisfaction que j'ai de la maniere dont ils en ont agi. Et vous direz particuliérement au Marquis de Chavigny, que je suis fâché de sa blessure, & fort content de sa conduite & de celle de mon Régiment de Piémont, en cette rencontre. Je vous re-

commande auſſi d'avoir grand ſoin des bleſ-
ſés, quoique je ne doive pas vous exciter
à un ſecours ſi charitable, & ſi important
à mon ſervice, vous chargeant de tenir la
main à ce qu'ils ſoient aſſiſtés & traités comme ils doivent l'être. Je ne vous
dis rien des vivres, perſuadé que l'Intendant n'oublie rien en ce point-là, & que
vous y contribuerez en tout ce qui dépendra de vous. Au ſurplus, ſouvenez-
vous de ce que je vous ai mandé en cas
de déſertion des troupes de l'Evêque de
Munſter. Et comme j'ai avis que les Ducs
de Brunſwick & de Lunebourg ne prétendent pas conſerver toutes celles qu'ils
ont ſur pied, à moins que les Etats ne
les payaſſent, & qu'autrement ils ſe diſ-
poſent d'en licencier une partie, j'ai penſé
que je pourrois profiter de ce licencie-
ment, & en avoir quelques Compagnies,
& même des corps tout entiers. Vous ob-
ſerverez attentivement ce qui ſe paſſera
ſur ce ſujet, afin que, le cas arrivant, je
puiſſe m'en prévaloir; & pour mieux
prendre vos meſures, vous concerterez
avec le Comte d'Eſtrades, à qui j'en écris
pareillement, ce qu'il y auroit à faire
pour exécuter cette penſée. Je prie Dieu,
&c.

 P. S. Dites de ma part à tous les Officiers, qu'ils ne sauroient mieux faire leur cour auprès de moi, qu'en faisant voir aux étrangers, qu'il y a de la différence entre les François & eux pour ce qui est de la bravoure ; mais qu'il n'y en a point pour la sagesse & pour la régularité, & qu'ils ne cedent pas même en cela aux troupes les mieux policées, de quelque nation qu'elles soient.

Signé LOUIS.

LETTRE VII.

Au Duc de St. Aignan.

St. Germain-en-Laye, le 1 Avril 1666.

VOus avez assez de preuves du plaisir que je prends aux choses qui viennent de votre part, pour ne craindre pas que vos lettres puissent m'être désagréables. La grandeur des forces que vous m'offrez par celle du 24 Mars, n'a rien de surprenant pour qui connoît votre zele comme je fais. J'en verrois volontiers le détail ; & je vous sais un gré infini du principe qui vous porte à des avances si peu communes.

Vous en avez ufé prudemment de ne rien précipiter fur les avis qu'on vous a donnés touchant quelques habitants du Havre, de la Religion prétendue Réformée. Ceux qui en font profeſſion ne m'étant pas moins fideles que mes autres ſujets, il ne faut pas les traiter avec moins d'égard & de bonté. Ainſi la vigilance de votre part doit être égale envers tous. Et ſi vous trouviez quelque choſe parmi ceux de la R. P. R. qui ne fût pas à ſouffrir, vous devez bien vous garder d'en faire une affaire générale. Il faut vous contenter de prendre pour les particuliers ſeulement les précautions néceſſaires. J'ai vu le Mémoire que vous avez envoyé, touchant le Sr. de Villepaux. Mais avant que d'y pourvoir, je veux m'informer au vrai de ce qui ſe pratique dans Calais, & dans les autres Places importantes où il y a des Lieutenants. Et enſuite j'ordonnerai ce qui ſera raiſonnable. Quant à ceux qui vous inſultent par des ſatyres, je ne crois pas qu'il convienne à un Gentilhomme de répondre en aucune façon à un Gazetier.

LETTRE VIII.

Au Duc de Beaufort.

Fontainebleau, 23 Juillet 1666.

M. C., j'ai reçu vos lettres, & je me remets à la réponse que le Sr. Colbert y fera de ma part, lui ayant donné mes ordres sur tout ce qu'elles contiennent. Je ne doute point que la victoire que les Hollandois ont remportée sur la flotte d'Angleterre, ne vous soit, & à tous les Officiers de mon armée navale, un grand sujet d'émulation. Mais la route que vous tenez vous met en état, & eux aussi, de pouvoir espérer de vous signaler à votre tour. Vous allez à des gens dont la défaite est encore toute récente, que l'on est presque sûr de battre, pourvu qu'on les veuille aborder, & contre lesquels les brûlots sont d'un merveilleux effet. C'est à vous, & à ceux qui auront le bonheur de vous seconder, à bien ménager ces avantages. Car je crois que vous aurez plus de peine à retenir, qu'à exciter tant de braves Capitaines de vaisseaux & de brûlots. Je me contenterai donc de leur confirmer par votre moyen, que nulle peine de leur valeur ne me fera inconnue, & ne demeurera fans récompenfe prompte, & proportionnée au mérite de l'action. Je vous adreffe les lettres pour Paul & Martel, pour les exciter à bien exécuter vos ordres.

LETTRE IX.

Au même.

M. C., j'efpere que cette lettre vous fera encore mieux connoître que toutes les graces que vous avez reçues de moi jufqu'à préfent, la bonté que j'ai pour vous. Comme mon intention eft de vous confier le commandement de mes armées de mer, lefquelles j'ai deffein de rendre plus confidérables que celles de tous les Rois mes prédéceffeurs, je ne puis que je ne fouhaite de vous voir de plus en plus capable de me fervir par l'augmentation de vos talents, & par la ceffation des défauts qu'il peut y avoir dans votre conduite, n'y ayant point d'homme fi parfait qui ne manque en quelque chofe. Je vous dirai donc que j'ai une entiere fatisfaction de la chaleur avec laquelle vous vous appliquez en toute rencontre à vous mettre en état de faire quelque action qui puisse me plaire : que j'approuve fort la maniere dont vous en avez agi dans votre navigation, & même que j'ai fort estimé la prompte résolution que vous prenez d'entrer dans la Manche, & les ordres que vous donnâtes dans les places maritimes & le long de la côte.

J'ai considéré ce qui s'est passé dans une conjoncture si délicate, non-seulement comme une suite du bonheur dont il plaît à Dieu d'accompagner mes armes, mais aussi comme un effet de votre fermeté & de votre zele pour ma gloire. Enfin, sans m'arrêter à l'obligation indispensable d'un vaisseau portant mon pavillon, de régler sa diligence sur celle des navires qu'il conduit, à moins qu'il ne soit contraint par la tempête d'en user autrement, je veux rejetter la faute des quatorze vaisseaux qui vous quitterent dans votre route, sur ceux qui commandoient, & croire que vous aurez fait ce qui dépendoit de vous pour leur donner lieu de vous rejoindre.

Mais après vous avoir rendu justice sur ce qui mérite approbation ou excuse, il est bon de vous avertir de ce qui est à corriger. Votre inclination naturelle vous portant à vouloir faire tout vous-même, & votre zele pour mon service vous faisant tout entreprendre, il semble que vous avez peine à souffrir que les Officiers qui sont sous votre autorité, fassent les fonctions de leur charge, & sur-tout les Intendants, comme si votre but étoit de les rendre inutiles, & de les frustrer de l'avantage de mériter par leurs services. Vous savez que n'ayant pu vous accommoder du Sr. de la Guette, je l'ai rappellé par cette raison. Le Sr. Dinfreville que j'ai mis en sa place, tout consommé qu'il est dans les choses de son emploi, n'a pas mieux réussi auprès de vous. Il est vrai qu'en même-temps que vous n'avez pu le souffrir, pour déguiser cette incompatibilité, vous avez fort relevé la suffisance du Sr. Arnoul. Mais je ne sais si celui-ci vous seroit agréable, s'il avoit la commission de l'autre. Vous avez été aussi bien-aise que Brodant ne s'embarquât pas sur mon armée navale pour vous délivrer de ce qui pouvoit porter le nom, ou avoir quelques fonctions ou apparences d'Intendants. Votre aversion a eu des suites bien plus considérables. Elle redoubla à la Rochelle par la résolution que j'avois prise de mettre à l'Amiral le Sr. Colbert du Terron, pour assister à tous les Conseils qui s'y seroient tenus. Et ces deux mouvements joints à la pensée que vous avez eue, qu'il auroit peine à quitter le séjour de la Rochelle, & que ce seul attachement lui faisoit préférer la rive de Charente au port de Brest, ont produit une infinité d'effets dans votre esprit. Vous avez condamné d'abord la Charente; & pour vous tirer au plutôt de ce lieu-là, vous m'avez écrit & fait dire par Etemar, qu'il ne vous manquoit rien, & qu'en trois jours vous seriez en état de mettre à la voile. Sur quoi j'envoyai porter aux Etats des Provinces-Unies, que vous seriez incontinent dans la Manche avec toute ma flotte. Et néanmoins vous fûtes 16 ou 18 jours dans la Charente: & à votre arrivée à Belle-Isle, le Marquis de Bellefont m'écrivit qu'il vous manquoit beaucoup de choses. Par le même principe, vous m'avez fort exagéré la bonté du port de Brest, sans l'avoir jamais vu. Vous avez été d'avis que ledit Terron demeurât dans la Charente, sous prétexte d'y envoyer le tiers de mes vaisseaux, pour y désarmer à votre retour, & de fournir au port de Brest ce qui vous seroit nécessaire. Cependant vous n'avez rien concerté avec lui de ce qui regardoit vos besoins durant tout votre voyage. Vous n'avez cessé de blâmer ce qui s'étoit passé en Ponant, vous plaignant que vous manquiez de pilotes; que l'on n'avoit reconnu les côtes; qu'il falloit couler à fond les vaisseaux le Rubis & le Bourbon, ajoutant qu'il falloit châtier les charpentiers qui les avoient bâtis: & quantité d'autres choses de cette nature dont vos lettres sont remplies. Quand vous êtes arrivé à Brest, vous n'avez plus parlé d'envoyer aucun vaisseau dans la Charente, pour les retenir tous sous votre main. Vous avez fort relevé l'habileté du Sr. du Seuil, afin de persuader qu'il étoit bon de laisser le Sr. du Terron à la Rochelle, & que ledit Sieur étoit capable de faire le travail de Brest, dans la confiance que celui-ci ne vous empêcheroit en rien.

J'ai été bien-aise de m'étendre sur toutes ces particularités, pour vous faire voir qu'il est inutile de se cacher de moi. J'ajouterai en même-temps que le bien de mon service, veut qu'un Intendant autorisé, expérimenté & habile, soit toujours au principal port où mes armées séjournent; que lui-même, ou un Commissaire-Général de pareille expérience, les suivent toujours à la mer. Vous ne trouverez en la personne du Sr. Colbert du Terron, aucune prévention pour un lieu plutôt que pour un autre ; & il n'aura en vue que mon service & l'exécution de vos ordres. Mais il est nécessaire que vous l'appuyiez & le souteniez en toute occasion ; que vous lui disiez vos sentiments ; que vous lui ordonniez ce qu'il devra faire. Il vous obéira ponctuellement, & vous rendra compte de tout. Songez donc qu'autant de moments que vous employez à faire les fonctions des autres charges, sont autant de moments volés au soin que vous devez avoir de vous bien instruire de la vôtre. Elle est si importante & si difficile, que les plus grands hommes qui y ont blanchi, ont avoué que c'est un métier où il y a toujours à apprendre.

Je ne doute point que vous ne profitiez de l'avis que je vous donne, & que vous reconnoîtrez que vous m'êtes d'autant plus obligé de cette marque de ma bienveillance, qu'il y a peu d'exemples de Rois qui en ayent usé de la même maniere.

LETTRE X.

Au même.

Ce 6 Novembre.

J'AI lu avec grande satisfaction votre réponse à ma lettre du mois passé, parce que je me persuade qu'elle est sincere & véritable. J'y vois de plus, par la maniere dont vous prenez les avis qu'on vous donne sur votre conduite, que vous ne pouvez manquer d'acquérir l'expérience nécessaire, & toutes les lumieres les plus avantageuses, pour remplir dignement une charge de cette importance. Continuez à prendre du même esprit les avis qu'on vous donnera; & sur-tout, ne croyez pas que mon intention soit de vous défendre d'agir & d'entrer dans le détail des fonctions particulieres; au contraire, je vous en loue, sachant que cette application contribue en même-temps à mon service & à vous instruire. Mais mon vrai sens est, que vous vous concertiez avec le Sr. du Terron, &c.

LETTRE XI.

A M. Bossuet.

Au Camp de Hurtebise, 19 *Mai* 1676.

MR. l'Evêque de Condom, je ne suis pas embarrassé des louanges que vous me donnez par votre derniere lettre. Vous m'avez trop bien fait connoître à qui elles sont dûes, pour n'en pas tirer plus d'instruction que de vanité. Je les rapporte donc au principe que vous m'avez enseigné. Pour ce qui regarde mon fils, je vous recommande toujours de cultiver son esprit avec le soin nécessaire, pour lui faire bien comprendre ses devoirs envers lui-même, envers les peuples qu'il doit un jour gouverner, envers moi, qui lui prépare un regne glorieux, & avant tout, envers Dieu, que je prie de vous avoir en sa sainte garde.

No. XXVII.

LETTRES (1) de LOUIS XIV. à PHILIPPE V.

LETTRE I.

Marly, 27 Juin 1701.

Vous verrez par ce que le courier vous dira de ma part, ce que je pense & ce que j'ai fait sur votre mariage & sur bien d'autres affaires. C'est pourquoi je ne vous en dirai rien dans cette lettre. Les deux que j'ai reçues de vous, sont du 2 & du 10 Juin. Je suis très-aise que vous ayez fait ce que je vous avois mandé ; & vous verrez par ce qu'on vous dira de ma part, ce que je crois utile au bien de vos affaires. J'attends avec impatience ce que vous m'avez promis de faire pour Mr. de Castel dos Rios. Ne perdez pas de temps pour me satisfaire

---

(1) La copie que j'ai entre les mains, & que je tiens de Mlle. de St. M. de T...... porte au titre : *Lettres écrites par Louis XIV au Roi d'Espagne son petit-fils*, copiées sur les originaux écrits de sa main.

sur ce que je vous demande. La reconnoissance est un devoir très-pressé. J'ai fait partir un homme très-habile, pour travailler à vos finances ; j'espere qu'il vous sera utile dans les suites. Je ferai partir incessamment le Comte de Marsin pour soulager le Duc d'Harcourt, & pour travailler conjointement avec lui pour le bien de nos affaires communes. Vous pourrez vous fier à lui, & croire qu'il ne vous dira rien que je ne pense. Je suis bien en peine de ce que vous me demandez de votre Conseil. Je crois que d'Harcourt & Marsin vous seront d'un grand secours. Vous devez vous fier à eux, puisque je m'y fie ; je les connois. Finissez, le plutôt que vous pourrez, le rang des Ducs & des Grands ; cela sera d'une grande commodité. On travaille aux carrosses. On les fait comme le Comte Baten dit qu'ils doivent être. Je crois qu'ils ne seront pas trop beaux. Pour ceux de la Reine, vous ferez de votre mieux. On ne peut pas vous en envoyer assez à temps pour votre mariage. Je crois qu'il ne sera pas retardé bien long-temps, par ce qu'on est obligé de faire pour obliger le Duc de Savoye à exécuter son Traité. Il ne me reste qu'à assurer Votre Majesté de la tendre amitié que j'ai pour elle. La suite
du

du temps vous la fera encore mieux connoître.

Signé LOUIS.

LETTRE II.

Meudon, 13 Juillet 1701.

JE vous envoye Marsin pour demeurer auprès de vous. Il vous dira beaucoup de choses importantes dont je l'ai chargé. Donnez-lui une entiere créance. Je me fie à lui, vous pouvez en faire de même, & être persuadé qu'il ne vous proposera rien qui ne soit utile à nos intérêts communs. Je ne saurois finir sans assurer Votre Majesté de ma tendresse, & lui dire, que je souhaite avec toute l'ardeur dont je suis capable, de vous voir un aussi grand Roi que vous pouvez l'être, si vous le voulez.

LETTRE III.

Marly, 27 Juillet 1701.

J'AI cru devoir différer votre mariage sur les avis que j'ai reçus du peu de sincérité du Duc de Savoye. Vous connoiſſez ſon caractere. J'avois écrit au Marquis de Caſtel Rodrigue, de ſuſpendre la négociation. J'ai appris depuis qu'elle étoit déja finie. Ne vous étonnez pas cependant, s'il fait naître quelque difficulté nouvelle à l'exécution. Je ſouhaite qu'il en trouve les moyens. Je n'ai d'autres vues que le bien de Votre Majeſté, & de lui donner des marques de mon amitié, en retardant de quelques mois, pour la rendre plus heureuſe, la ſatisfaction qu'elle croit trouver dans ſon mariage. Il me paroît que vous ne devriez rien changer à votre départ de Madrid.

LETTRE IV.

Marly, 30 Juillet 1701.

J'Ai appris avec grand plaiſir ce que vous avez fait pour le Marquis de Caſteldos-Rios. Je vous en ſuis très-obligé. Je lui ai donné la nouvelle avec joie, que vous l'avez fait Grand. Il a reçu cet honneur comme il le devoit. Duras s'en va, pour inſtruire le Duc d'Harcourt de pluſieurs affaires utiles à nos intérêts communs. Donnez attention à tout ce qu'il vous propoſera. Tâchez d'en profiter, &

me croyez plus tendre & plus plein d'amitié que jamais pour vous. J'oubliois de vous dire que le portrait que vous defirez eft fait. Vous devez m'être obligé du temps que j'ai donné pour vous plaire. Quand le tableau fera achevé, on vous l'enverra fans perdre de temps.

LETTRE V.

Verfailles, 7 Août 1701.

VOus jugez parfaitement bien du Mémoire du Duc d'Arcos. Il eft de votre autorité de foutenir ce que vous avez réglé pour les honneurs réciproques entre les Ducs & les Grands. Blecourt vous dira mon avis à l'égard de celui qui vous a préfenté ce Mémoire. Il faut un exemple. Celui que vous avez fait fur un de vos Grands, eft très-à-propos. Le refus de l'inveftiture a dû vous faire de la peine. Mais le reffentiment ne doit paroître que quand le bien de l'Etat le demande. Il faut l'éteindre, mais le rallumer dans les circonftances. Si l'effet ne fuit immédiatement les menaces, elles font prefque inutiles & ridicules. Il n'y a pas d'apparence que le Pape donne l'inveftiture de

Naples à l'Archiduc. Il ne vient point en Italie. J'avoue que la pensée que vous aviez me fait un sensible plaisir. Elle est digne de votre sang; & je souhaiterois que l'état de vos affaires & la saison vous eussent permis de l'exécuter. Mais il ne faut pas y songer pour cette année. Non-seulement je consentirai que vous passiez au Printemps en Italie, si la guerre dure encore; mais dès à présent, je vous le conseille, indépendamment de ce que l'Archiduc ou le Roi des Romains pourront faire. Rien ne vous donnera plus de réputation & de gloire dans le monde, particuliérement dans vos Royaumes. Gardez le secret de cette résolution, si vous voulez qu'elle réussisse, quand vous l'exécuterez.

Vous gagnerez le cœur de vos sujets. Vos ennemis seront forcés à vous estimer & à vous craindre. Que je serai heureux, quand je vous verrai dans ce haut point de gloire, où j'espere que votre courage vous élevera! je vous aimerai mille fois davantage. Et mon estime se fortifiant, ma tendresse augmentera, en vous voyant tel que je vous desire, & que je me persuade que vous serez.

LETTRE VI.

Versailles, 21 *Août* 1701.

JE renvoye votre courier, & j'ai écrit à Castel-Rodrigue de conclure votre mariage. Vous en apprendrez les raisons. Le détail en seroit trop long à vous expliquer. Votre déférence à mes conseils augmente encore mon attention à vous les donner conformes à vos intérêts. Celui d'aller en Italie au printemps prochain, sera certainement de votre goût. Je crois ce voyage nécessaire, si la guerre continue. Mais je souhaite en même-temps qu'elle soit terminée cette campagne. Je l'espere, si le Maréchal de Villeroi exécute mes ordres, comme j'ai lieu de le croire.

La guerre ne recommencera pas apparemment en Flandres cette année. Je vois avec plaisir l'effet de votre amitié pour votre frere. Rien ne me peut toucher davantage que la continuation de cette union. Décidez en faveur de Fernanones; son zele vous est connu; c'est une qualité principale, & que vous devez fortifier dans le commencement de votre regne. Je comprends que l'affaire du Duc de Montéléon vous embarrasse. Laissez agir le Cardinal, comme Archevêque de Tolede. Ne compromettez point votre autorité; & pour cela ne l'engagez pas trop avant. Que cet incident vous serve désormais à prendre du temps pour examiner ce qu'on veut vous faire signer dans votre *despacho*, hors les expéditions ordinaires. Je ferai bien-aise d'apprendre que Marsin y soit entré en l'absence du Duc d'Harcourt. Vous jugez bien que je souhaite que votre voyage soit heureux, & que les prospérités de Votre Majesté répondent aux vœux que ma tendresse me fait faire pour vous.

LETTRE VII.

Fontainebleau, 8 Octobre 1701.

JE persiste toujours dans la pensée que vous devez passer en Italie au commencement du printemps prochain. Je suis persuadé que l'idée seule de ce voyage vous fait plaisir. J'aurai soin, puisque vous le souhaitez, de régler dans le temps tout ce que je croirai nécessaire pour la descente & pour la commodité de Votre Majesté. Il conviendra peut-être de publier bientôt votre paſſage. La nouvelle en ſera vraiſemblablement bien reçue, & produira de bons effets en Italie. Je vous avertirai quand je croirai qu'il ſera temps de déclarer cette réſolution, qui vous fait honneur. Vous pourrez l'exécuter dès le mois de Mars. Je crois vous faire plaiſir en avançant le terme de deux mois. Vous aurez apparemment attendu pluſieurs jours la Reine à Barcelone. Je n'ai point encore de nouvelles qu'elle ſe ſoit embarquée ſur vos galeres. J'eſpere que vous ſerez content de Marſin. Il a vu que je préférois ſes ſervices auprès de vous à ceux qu'il me rendoit dans mes armées. La ſanté de la Ducheſſe de Bourgogne eſt entiérement rétablie. Je ne douterai jamais de vôtre bon naturel. Je ſuis très-ſenſible aux ſentiments que vous témoignez à l'égard de ceux que vous devez aimer. Les miens pour vous ſont tels que vous en êtes digne ; & je ne puis vous exprimer plus fortement ma tendreſſe & mon amitié, qui dureront autant que votre mérite.

LETTRE VIII.

Fontainebleau, ce 12 Octobre 1701.

LA navigation des galeres a paru si fatigante à la Reine d'Espagne, & même si dangereuse dans cette saison, qu'elle souhaite d'achever son voyage par terre, depuis Marseille jusqu'à Barcelone. J'y ai consenti. Marsin vous en rendra compte, & des ordres que j'ai donnés dans une conjoncture aussi imprévue. Vous serez peut-être bien-aise de vous avancer, pour la recevoir, jusqu'à Gironne. Si vous voulez passer jusqu'à Perpignan, vous en ferez le maître. Il n'y a pas un lieu dans mon Royaume où Votre Majesté ne soit regardée comme un fils que j'aime tendrement. Et je suis persuadé qu'en cette qualité, l'empressement de mes sujets vous fera plus de plaisir que les traitements dûs à votre rang.

LETTRE IX.

Versailles, 6 Février 1702.

J'Ai reçu vos deux lettres du 7 & du 24 Janvier. Quoique j'aye parlé à Louville de plusieurs détails dont il vous rendra compte, je ne puis m'en rapporter uniquement à lui pour vous assurer de la joie que j'ai du rétablissement de votre santé, & de la conclusion des Etats de Catalogne. Il étoit nécessaire de les terminer, avant que de songer à passer en Italie. Vous laissez présentement l'Espagne tranquille. J'espere que Dieu bénira vos desseins, & vous fera trouver dans le cœur de vos sujets en Italie le même amour & le même empressement que les Catalans témoignent présentement à V. M. Il est inutile de vous dire combien je le souhaite ; & vous devez croire qu'indépendamment de mon intérêt, je regarderois votre satisfaction & vos prospérités comme les miennes propres, par l'unique motif de tendresse que j'ai pour vous. Je reçois encore votre lettre du 29. Je n'ai qu'à louer les dispositions que vous faites pour la défense de vos

Etats. Songez aux Indes. Je m'en rapporte à ce que Marsin vous en dira de ma part.

LETTRE X.

Versailles, 26 Février 1702.

VOus souhaitiez avec trop d'empressément de passer en Italie, pour me laisser douter de la joie que mon consentement à ce voyage vous a donnée. Le projet, le desir que vous avez conservé de l'exécuter, & la justice de votre cause, me font espérer que le succès en sera heureux. Vous n'oubliez rien pour la sûreté & pour le bon gouvernement de vos Etats. Je le vois par les dispositions que vous faites, & par les ordres que vous avez donnés. Les représentations que vous avez reçues lors de votre passage, doivent être regardées comme un effet du zele que les sujets de Votre Majesté ont pour elle. Mais elles ne contiennent aucune raison qui n'ait été bien examinée avant la résolution prise. J'espere que votre derniere indisposition étant présentement finie, vous jouirez déformais d'une parfaite santé. On m'a épargné l'inquiétude que cette maladie m'auroit causée, en m'apprenant en même-temps votre guérison. Je suis également sensible à tout ce qui vous regarde : & ma tendresse particuliere pour vous se fait connoître en toutes occasions.

LETTRE XI.

Marly, 3 Mars 1702.

J'AI considéré votre seule satisfaction, lorsque j'ai approuvé le dessein que vous avez de conduire avec vous la Reine à Naples. Mais mon amitié pour vous ne me permet pas de vous taire les inconvénients que je prévois à lui faire entreprendre ce voyage. Si je vous aimois moins, ma complaisance n'auroit point de bornes. Je supprimerois les conseils de pere, lorsqu'ils seroient contraires à ce que vous desirez. La tendresse que vous avez pour la Reine, vous fait desirer de ne vous point séparer d'elle. Mais vous devez, par la même raison, considérer à quelles incommodités vous l'exposez, en lui faisant entreprendre un trajet de mer aussi considérable que celui qu'il faut faire pour passer à Naples. Si son amitié pour vous lui ferme les yeux sur les suites fâcheuses qu'elle en doit craindre, vous êtes obligé d'y faire encore plus d'attention, & d'assurer votre commun bonheur, en songeant à la conservation de votre santé. Vous savez combien elle a souffert des fatigues de la mer, seulement depuis Nice jusqu'à Toulon. Vous pouvez juger de celles d'un voyage infiniment plus long, où la commodité de descendre tous les jours à terre, est absolument interdite. Au-lieu de la satisfaction que vous vous proposez l'un & l'autre à faire ensemble ce voyage, vous vous préparez des sujets continuels de tourment & d'inquiétude. Je les borne sur mer à la mauvaise santé de la Reine, & j'espere que vous n'essuyerez aucuns périls. Mais après votre arrivée à Naples, vous regretterez bien des fois d'avoir pris la résolution de l'y conduire, si les esprits sont encore agités. Que ne craindrez-vous pas pour elle ? Et pourrez-vous la laisser en cette ville, pour aller vous mettre à la tête des armées en Lombardie ? Demeurerez-vous à Naples, uniquement pour la Reine, quand vous aurez passé en Italie pour la défense de vos Etats ? Si tout est tranquille à Naples, il ne vous convient pas d'y faire un long séjour. La

Reine aura fait un voyage très-pénible pour demeurer seulement peu de jours avec vous. Vous la laisserez ensuite exposée à tous les périls que vous craindrez pour elle pendant le cours de la campagne, ou du soulevement des peuples, ou des entreprises des Anglois & des Hollandois dans la Méditerranée. Que Votre Majesté fasse réflexion sur la juste inquiétude qu'elle auroit, si leur flotte venoit à bombarder Naples ? si la Reine étoit obligée d'en sortir, que n'aurez-vous pas à craindre pour elle, de l'émotion des peuples dans une pareille conjoncture ? Considérez l'embarras où vous serez après la campagne finie, pour retourner avec elle en Espagne. Il est impossible de juger certainement du temps que vous serez obligé de demeurer en Italie. Vous ne quitterez apparemment l'armée, que lorsque la saison sera contraire à toute navigation, principalement à celles des galeres. Il vous seroit également difficile de passer à Naples pour aller chercher la Reine, & de la faire venir à Milan, pour retourner ensemble en Espagne. Le seul parti, que vous auriez à prendre, seroit de la renvoyer en Espagne, dans le temps que vous partiriez de Naples. Ainsi vous l'auriez obligée à un voyage aussi fatigant qu'inutile, pour demeurer seulement quelques jours de plus avec vous; & vous seriez contraint d'employer pour son retour, les mêmes vaisseaux dont vous pourriez vous servir utilement à Naples contre l'ennemi.

Le projet que Votre Majesté entreprend est trop grand pour embarrasser son exécution par de nouvelles difficultés. Il vous convient de passer sans beaucoup d'équipage, lorsque vous allez vous-même défendre vos États. Mais il est contre la bienséance que la Reine marche sans l'accompagnement nécessaire à son rang. Le dessein de la mener avec vous, est regardé à Madrid comme l'effet d'une résolution prise, d'abandonner l'Espagne à la Maison d'Autriche. Cette raison seule suffiroit pour vous obliger à laisser la Reine dans ce Royaume. Elle vous donnera des marques bien plus sensibles de son amitié, en contenant par sa présence, les peuples d'Espagne dans le devoir, qu'en s'exposant, pour vous suivre, aux périls & incommodités de la mer, dont personne ne vous saura gré, & que les malveillants vous reprocheront. Elle a trop de raison pour ne le pas comprendre, lorsque vous lui montrerez ma lettre. Et vous devez avoir assez de force sur vous-même pour lui demander, comme une preuve essentielle de sa tendresse, ce que vous pourriez obtenir par autorité. Vous consolerez vos fideles sujets d'Espagne, en leur laissant ce que vous avez de plus précieux. Ils attendront votre retour avec confiance. Les artifices de vos ennemis ne pourront ternir votre gloire, en faisant regarder comme une fuite votre départ pour la défense d'Italie. Vous savez apparemment que c'est ainsi qu'ils en parlent. Il faut les confondre, & laisser la Reine à Madrid.

On diroit inutilement que l'espérance d'une prochaine succession vous oblige à mener la Reine avec vous. On sait que l'on n'est pas encore en état que nous puissions nous en flatter. Si elle pouvoit bientôt vous donner des enfants, seroit-il de la prudence de l'exposer pendant une grossesse aux fatigues d'un long voyage par mer? & conviendroit-il que l'héritier de vos Royaumes naquît hors de vos Royaumes?

J'entre dans tous ces détails, persuadé qu'il faut des raisons bien pressantes pour surmonter la peine que la Reine & vous aurez à vous séparer. Je n'espérerois pas même de la convaincre, si son esprit solide n'étoit plus avancé que son âge. Elle doit s'en servir pour se dire elle-même, qu'ayant autant d'années que vous en avez vraisemblablement à passer ensemble, ce n'est pas un malheur d'être séparés pour quelques mois, quand il y va de votre gloire, de la consolation de vos peuples, & de la conservation de vos Etats.

Je crois que pendant votre absence, vous devez fixer le séjour de la Reine à Saragosse, comme à Madrid. Marsin vous en parlera de ma part. Je souhaite que Dieu bénisse vos justes desseins, & qu'elle vous renvoye bientôt plein de gloire, & victorieux de vos ennemis.

Ce que je vous marque est le pur effet de mon amitié, & vous devez suivre mes conseils. Il vaut mieux encore que vous n'alliez pas en Italie, que d'y mener la Reine. Vous en voyez les raisons. Je les ai toutes pesées. J'espere que vous prendrez le bon parti, & que vous passerez seul.

LETTRE XII.

Verfailles, 22 Mars 1702.

J'AI pu douter de votre fermeté sans rien diminuer de la bonne opinion que j'ai de vos sentiments. Je sais quelle est votre tendresse pour la Reine. J'ai compris la peine que vous auriez à vous séparer d'elle. Votre amitié doit être encore augmentée par les marques qu'elle vous donne de la sienne. C'est vous aimer véritablement, que de préférer votre gloire à sa propre satisfaction. La résolution que vous prenez l'un & l'autre, mérite autant de louanges qu'elle est conforme à vos intérêts. Regardez présentement votre mariage, comme le plus grand bonheur de votre vie. La complaisance de la Reine, sa douceur, sa raison, ne sont pas moins rares, qu'il est extraordinaire de trouver toutes ces qualités dans une personne de son âge. Vous ne pouviez m'apprendre de nouvelle plus agréable. Et j'avoue que ma tendresse, des plus vives pour vous & pour elle, gagne encore à cette docilité de votre part, & à ce courage de la sienne. La lettre que vous avez écrite au Cardinal Porto-carrero est admirée. Je ne crains point de vous donner trop bonne opinion de vous-même. Je souhaite au contraire que vous l'ayez telle que vous le devez, & que je l'ai de vous. Quelque vive que soit mon amitié pour vous, je sais qu'elle ne m'aveugle point. Et je vois avec un sensible plaisir, par toutes vos actions, qu'en vous estimant, je ne fais que vous rendre justice. Je prie Dieu qu'il vous comble de toutes ses bénédictions. Je l'en remercierai, comme répandues sur moi-même.

Je reçois encore votre lettre du 15. Il est nécessaire que vous conserviez le Prince de Vaudemont, Gouverneur du Milanès. Je me rapporte à ce que Marsin vous en dira. Ainsi je ne donnerai aucun ordre au Sieur Bouchet pour vos équipages.

LETTRE XIII.

Versailles, 22 *Mars* 1702.

LA nouvelle que vous me donnez de votre départ, me fait espérer d'en recevoir bientôt de votre arrivée à Naples. Je l'attends avec impatience, & je ne puis être indifférent à la gloire & à la satisfaction de Votre Majesté. Elle sait que le Cardinal de Janson doit se rendre auprès d'elle. Il l'informera des affaires de Rome. Vous connoissez la relation qu'elles ont avec celles de toute l'Italie. Je m'en rapporte à ce qu'il vous en dira. Et je vous assurerai seulement, que ma tendresse pour vous est telle que vous la méritez, & que vous la pouvez desirer. Continuez à bien faire; vous acquerrez de la gloire; vous serez aimé de vos peuples; vous serez craint de vos ennemis, & je serai content.

LETTRE XIV.

Versailles, 24 *Avril* 1702.

J'AI examiné les différentes propositions que l'on vous a faites sur la maniere d'établir la Régence de la Reine pendant votre absence. La meilleure de toutes me paroît être, de laisser la Junte telle que vous l'avez formée, avec la seule différence, que la Reine présidera avec la voix d'honneur, & que les expéditions se feront en son nom seul, quoique les résolutions ayent été prises à la pluralité des voix. Je le marque plus en détail à Marsin,

& à Blécourt, & l'on en instruit aussi la Princesse des Ursins. J'ai fait écrire au Sr. de Basville, d'acheter en Languedoc les mulets que Votre Majesté demande. J'apprends avec plaisir que le Cardinal Portocarrero a pris les mesures nécessaires pour fournir régulièrement à la dépense de votre maison. Je ne doute pas qu'il n'exécute ce qu'il vous promet. Pressez-le de veiller attentivement à la sûreté de vos côtes d'Espagne, & à celles de Cadix. Le principal objet de vos ennemis est de les attaquer. Je crois que vous êtes présentement en mer. Je prie Dieu de bénir votre voyage. Comme vous n'avez en vue que le bien de vos peuples, j'espere que les succès seront tels que je vous le souhaite, encore plus par amitié, que par l'étroite union de nos intérêts.

Je reçois encore votre lettre du 1 du mois. J'apprends avec plaisir la résolution que vous avez prise, d'envoyer la Toison au Duc d'Harcourt & au Comte d'Ayen. Et vous devez être bien assuré du zele désintéressé de mes sujets pour le service de Votre Majesté. J'attends à tous moments des nouvelles de son départ. J'espere que ce voyage augmentera les raisons que j'ai de vous estimer. Mais il ne se peut rien ajouter à ma tendresse.

LETTRE XV.

Marly, 2 Mai 1702.

J'AI appris avec beaucoup de joie votre heureuse navigation. M. le Duc d'Escalone m'a fait un sensible plaisir de m'annoncer la nouvelle de votre arrivée à Naples. Un passage aussi prompt, est un commencement de bonheur, qui sera suivi de succès encore plus heureux ; au moins je l'espere des bénédictions que Dieu répand déja sur Votre Majesté, & je souhaite que ses sujets pensent de même. Je suis persuadé qu'elle se conduira de maniere qu'ils ne desireront, ni le Roi des Romains, ni l'Archiduc, & que ses peuples seront fideles, autant par inclination que par devoir.

Vous devez être assuré de l'égard que j'aurai à la recommandation que vous me faites en faveur des Officiers de mes vaisseaux, qui ont servi à votre passage. Vous savez, comme Roi, ce que je puis accorder aux demandes que vous me faites, comme mon petit-fils. Si je consulte seulement ma tendresse pour vous, il n'y aura jamais rien que je puisse refuser à la qualité que votre naissance vous donne. J'ai permis au Comte d'Etrées d'accepter la grace que vous lui voulez faire ; elle m'est très-sensible ; il la mérite, & par ses services, & par ceux de sa maison ; & j'ordonne à Marsin de vous en remercier de ma part. Je me rapporte à ce qu'il vous dira sur l'état présent des affaires ; & je vous assurerai seulement de la tendre amitié que j'ai pour vous.

LETTRE XVI.

Versailles, 21 *Juin* 1702.

J'ai reçu la lettre que vous m'avez écrite en partant de Naples, & j'attends avec impatience la nouvelle de votre arivée à Gênes ou à Final. Je devrois même l'avoir reçue, si votre navigation a été aussi heureuse que j'avois lieu de le croire, suivant les dernieres lettres. J'apprends avec plaisir, que Votre Majesté est contente des troupes Françoises que j'ai envoyées à Naples, & que les Napolitains se louent de leur conduite. Je souhaiterois que vous fussiez aussi assuré de vos sujets, que vous le devez être des miens dans les lieux où ils seront employés. Mais ne vous étonnez pas du défordre que vous trouvez dans vos troupes, & du peu de confiance que vous pouvez prendre en elles. Il faut un long regne & de grands foins pour rétablir l'ordre, & pour affurer la fidélité des différents peuples éloignés, & accoutumés à obéir à une maifon ennemie de la vôtre. Il eft effentiel pour vous de connoître à fond leurs difpofitions fecretes. Il eft de votre prudence de vous mettre en état de corriger le mal avant que de faire voir que vous le connoiffez. Si vous avez cru qu'il fût fort facile & fort agréable d'être Roi, vous vous êtes fort trompé. Vous avez raifon de compter fur les François, plus que fur toute autre Nation. Mais ne le témoignez pas. Vous éloigneriez encore les Efpagnols, par la jaloufie qu'ils auroient de cette préférence. Il faut beaucoup de fageffe; & vous avez befoin de bien des graces de Dieu, pour conduire avec habileté & fuccès des peuples de génie différent, & tous difficiles à gouverner. Il faut que la campagne foit glorieufe pour obliger le Pape à vous donner l'inveftiture. N'oubliez point que ce font les combats qui font les Traités. Vous avez parfaitement bien fait de n'en rien dire au Légat. Il ne vous convient pas de folliciter une grace qui vous appartient de droit. L'intelligence n'en paroîtra pas moins bonne entre le Pape & vous. Je crois que vous avez bien vu l'importance dont il est, que vos sujets soient persuadés qu'elle est très-étroite. Je vous remercie de la statue que vous me destinez. Quand la beauté ne répondroit pas à la réputation, elle vient de vous, & cela me suffit.

LETTRE XVII.

Versailles, 29 *Décembre* 1702.

TOut ce que le Comte de Marsin m'a dit de vous, m'a fait un extrême plaisir. Car je sais que, quelque reconnoissance qu'il ait de la maniere dont vous l'avez traité, il ne vous auroit jamais loué aux dépens de la vérité. Il ne pouvoit me rendre des services plus agréables que ceux qu'il m'a rendus auprès de Votre Majesté. Et la satisfaction qu'elle en témoigne, sera toujours la plus forte recommandation qu'il puisse avoir.

J'ai reçu les lettres que vous m'avez écrites, & par votre nourrice, & par le Sr. Candeau. Je suis très-sensible aux assurances que vous me donnez en toutes occasions

casions de votre tendresse, & je crois que vous ne doutez pas que celle que j'ai pour vous, ne soit aussi vive. Le Duc de Bourgogne & Votre Majesté me donnent de grandes satisfactions. Traitez bien la Noblesse ; faites espérer du soulagement au peuple, lorsque les affaires le permettront ; écoutez les plaintes ; rendez justice à tous; communiquez-vous avec complaisance, sans perdre votre dignité ; distinguez ceux dont le zele a paru dans ces derniers mouvements.

N°. XXVIII.

PORTRAITS. (1)

LE Grand CONDÉ se trouva mêlé dans les guerres civiles ordinaires dans les minorités. Le Roi ne peut gouverner par lui-même. Il faut que sa volonté soit représentée par quelqu'un, qui regle tout suivant les loix. Il lui faut un Conseil & des Ministres. Tous les Grands veulent en être. De l'ambition viennent les intrigues ; des intrigues, les partis ;

_____

(1) Me. de Maintenon, ayant lu les Mémoires du Cardinal de Retz, dicta ceci à Mlle. d'Aumale.

& des partis, les guerres. Les Princes se partagent. Ils déclarent leur soumission & leur attachement au Roi, en même-temps qu'ils attaquent ceux qui regnent sous son nom. Tel fut le cas de Mr. le Prince, à l'égard de la Reine-Anne d'Autriche & du Cardinal Mazarin. Il étoit bien fait de sa personne, d'une taille médiocre; il avoit le regard d'une aigle, & la physionomie haute; il avoit beaucoup d'esprit & de savoir; aussi capable dans la guerre, que vaillant dans les combats. Il vécut fort retiré à Chantilly, qu'il embellit beaucoup. Il venoit de temps en temps voir le Roi, dont il fut toujours bien traité. Il aimoit la lecture & la société des beaux-esprits. Il se convertit de bonne foi, & fut sincérement regretté du Roi.

M. le Prince de CONTI son frere fut aussi mêlé dans les guerres civiles. Il étoit contrefait. Il devint très-pieux. Il donna tout son bien aux pauvres, pour réparer les maux qu'il avoit faits pendant la guerre. Sa femme vécut & mourut comme une sainte.

Me. de LONGUEVILLE, sœur de ces deux Princes, passa sa jeunesse dans les intrigues. Elle étoit très-belle, & pleine d'esprit. Elle fut touchée de Dieu; & par malheur, elle tomba entre les mains d'un

Directeur, imbu des nouveautés qui ont fait tant de mal à l'Eglise. Elle protégea ce parti, & vécut dans des pratiques de piété fort austeres. Quoique naturellement très-délicate, elle se tenoit toujours debout pour se mortifier. On prétend qu'elle mourut d'inanition.

Le Cardinal MAZARIN vint en France dès le temps du Cardinal de Richelieu. Il fut le prétexte de toutes les guerres de la minorité. Il avoit de l'esprit, & des qualités propres au gouvernement des hommes. Mais il s'éleva & s'enrichit trop. Il fit venir d'Italie deux neveux, qui étoient de basse naissance, mais bien élevés, & sept nieces, dont deux étoient, dit-on, Demoiselles.

M. COLBERT rétablit les finances, que les prodigalités de Fouquet & l'avarice de Mazarin avoient mises dans un grand désordre. Il étoit homme d'honneur, attaché au bien de l'Etat & à la gloire du Roi, auquel il apprit les finances avant lui fort embrouillées. Il protégea tous ceux qui se distinguerent par quelque mérite & par quelque talent. Il mit sur un bon pied le commerce. Il étoit haï, parce qu'il étoit froid & dur. On l'a loué après sa mort. Mais le plus grand éloge qu'il ait reçu a été de la part de tous ses successeurs. Les chagrins que M. de Louvois lui causoit en portant le Roi à toutes sortes de dépenses, contribuerent à sa mort. Il éleva sa famille; mais il est vrai que sa famille a bien servi.

M. de LOUVOIS, Ministre de la guerre, & fils de M. le Tellier, Ministre de la Régence, & depuis Chancelier, avoit beaucoup d'esprit, étoit fort laborieux, de grand détail, entrant dans tout, & voulant savoir jusqu'aux métiers les plus communs. Il étoit rude & dur, attaché au Roi & à l'Etat; mais si présomptueux & si contrariant, qu'il étoit devenu insupportable à son maître. Il auroit essuyé une disgrace sans la guerre. Il s'en appercevoit, & mourut subitement : on trouva son cœur serré d'une façon extraordinaire. Ce qui fit croire que le chagrin l'avoit tué : d'autres dirent, le poison.

M. de TURENNE, un des plus grands hommes de notre siecle, avoit les sourcils joints, & la physionomie mauvaise. Cependant jamais personne ne montra plus de bonté, plus de douceur, plus d'humanité. Il ne connoissoit aucune sorte d'intérêt, ni dans les grandes, ni dans les petites choses. Il ne savoit pas s'il manquoit d'argent ou s'il en avoit. Il n'avoit de vanité que sur sa naissance. Et s'il n'avoit pas trop aimé ses proches, on n'auroit pas eu la moindre faute à lui reprocher. Il en fit une en confiant au Cardinal de Bouillon son neveu ce qu'il ne devoit pas lui confier. On lui en reprochoit encore une autre. Il avoit confié un secret important à une jeune Dame, peu capable de le garder. Mais pourquoi chercher des défauts là où il y a tant de vertus à admirer ? Son esprit avoit beaucoup d'étendue, & étoit enrichi de toutes sortes de connoissances. Pendant les guerres civiles, il fut presque toujours opposé à Mr. le Prince. On les comparoit souvent ; mais personne n'osoit décider entre eux. Mr. le Prince paroissoit avoir une valeur plus brillante, & Mr. de Turenne une valeur plus sage. Il ne connut aucun vice. Il fut capable d'amitié. Son courage étoit froid. Le Roi fit pour le convertir des efforts qui l'engagerent à écouter des disputes. Il fut convaincu long-temps avant que d'abjurer. Il craignit qu'on ne l'accusât de trop de complaisance pour le Roi. Il fut témoin du miracle qui arriva au Louvre. Le feu ayant pris dans la galerie, & le vent menaçant de le porter par-tout, on apporta le Saint Sacrement. Le feu & le vent cesserent. Mr. de Turenne ne put s'empêcher de dire : *Je l'ai vu, & je n'en puis douter.* Il fut pourtant encore quelque temps sans se déclarer. Le Roi apprit sous lui le métier de la guerre, & fit plusieurs campagnes, écoutant, exécutant, & ne décidant rien.

N°. XXIX.

Testament de Me. de Maintenon.

Disposition de ce qui se trouvera ici, à St. Cyr, à moi le jour de ma mort, tant en argent entre les mains de la dépositaire de St. Cyr, ou dans mon bureau, qu'en meubles.

Je desire être enterrée avec les Dames de St. Louis.

Je leur donne, pour faire dire des Messes pour moi, la somme de 1000 liv.

Aux pauvres de mes terres, 2000 liv.

A Launay, mon valet-de-chambre, 3000 liv.

A Mlle. de Saignemontes, sœur de la petite de la Tour, 3000 liv., si elle ne fait pas profession à St. Cyr; & si elle y fait profession, ces 3000 liv. seront mises dans le coffre des Demoiselles.

A Mlle. de Clavieres, aussi sœur de

Mlle. de la Tour, la même somme de 3000 liv. aux mêmes conditions.

Aux Bénédictines de Moret, 2000 liv.

L'argent qui restera après ces distributions, je desire qu'il soit partagé entre Mesdames de Mailly & de Caylus.

Plus, ma vaisselle d'argent & mes meubles principaux seront partagés entre Me. de Caylus & Mlle. d'Aumale. *Le tout est spécifié par articles.*

Je donne à Me. la Duchesse de Noailles le diamant que je porte toujours.

Je donne à Mr. l'Evêque de Chartres le Crucifix en tableau sur un fond or & noir.

Je donne à Mr. l'Archevêque de Rouen un Crucifix sur du velour noir, qui est au chevet de mon lit, avec le petit portrait du Roi, qui est au-dessous, desirant qu'il soit gardé à jamais par ceux de mon nom, qui le regarderont avec la vénération & la reconnoissance qu'ils lui doivent.

Plus, à mes femmes, mes hardes & mon linge.

Je desire que tous mes petits livres secrets soient mis entre les mains de Me. du Perou. Et je prie Mr. l'Evêque de Chartres de lui permettre de les garder toute sa vie : elle y verra les instructions de son prédécesseur.

E le laisse en pensions viageres 1100 *liv.*

à diverses personnes qu'elle avoit fait Religieuses, & autres.

Au dos du Testament. Je recommande la petite de la Tour à Madame la Supérieure & à toute la Communauté.

L'argent que l'on trouva à sa mort, montoit à la somme de 32000 liv.

Elle ajoutoit à ce Testament la rélation de la visite que Mr. le Régent lui avoit faite à St. Cyr. Et ce ne fut pas sans dessein, dit Mlle. d'Aumale.

On n'y trouve point la disposition du Marquisat de Maintenon, parce qu'elle l'avoit donné en dot à Me. la Duchesse de Noailles, sa niece.

N°. XXX.

ÉPITAPHE.

Ci git

Madame FRANÇOISE D'AUBIGNÉ, Marquise de MAINTENON.

Femme illustre, femme vraiment Chrétienne :
Cette femme forte que le Sage chercha
 Vainement dans son siecle :
Et qu'il nous eût proposée pour modele,
 S'il eût vécu dans e nôtre.

Sa naissance fut très-noble.
On loua de bonne heure son esprit,
　Et plus encore sa vertu.
　La sagesse, la douceur, la modestie
Formerent son caractere, qui ne se démentit
　　jamais.
Toujours égale dans les différentes situations
　　de sa vie :
Mêmes principes, mêmes regles, mêmes ver-
　　tus :
　Fidelle dans les exercices de piété ;
Tranquille au milieu des agitations de la Cour ;
　　Simple dans la grandeur ;
　　Pauvre dans le centre des richesses ;
　　Humble au comble des honneurs ;
　　Révérée de Louis-le-Grand,
　　Environnée de sa gloire,
Autorisée par la plus intime confiance ;
　Dépositaire de ses graces.
Qui n'a jamais fait usage de son pouvoir
　Que par sa bonté.
　Une autre Esther dans la faveur,
Une seconde Judith dans l'oraison.
　La mere des pauvres,
L'asyle toujours sûr des malheureux.
Une vie si illustre a été terminée
　Par une mort sainte,
　Et précieuse devant Dieu.
Son corps est resté dans cette sainte Maison,

Dont elle avoit procuré l'établissement.
Et elle a laissé à l'Univers l'exemple
De ses vertus.
Décédée le 15 Avril 1719;
Née le 28 Novembre 1635.

Cette Épitaphe, composée par l'Abbé de Vertot, revue par M. le Maréchal de Noailles, est sur une pierre de marbre, dans le chœur de l'Eglise de St. Louis à St. Cyr. Mrs. Tiberge & Brisacier avoient proposé la suivante, qui fut rejettée, quoiqu'elle ne manque pas de beautés.

HIC JACET

Illustrissima Domina, D. FRANCISCA D'AUBIGNÉ,

MARCHIONISSA DE MAINTENON,

CHRISTINÆ VICTORIÆ BAVARICÆ, GALLIARUM DELPHINÆ, à muliebri cultu:

LUDOVICO MAGNO tam constanter, quam sapienter chara:
Fœmina ante omnes sui ævi, pluriumque retrò sæculorum fœminas
Longè præstantior:
Nec alia magis simul, & minus Nota.
Natalibus Clara, Ingenio, ratione, ac Prudentiâ Clarior,

Solidâ virtute, & sincerâ pietate, *supra modum*
MIRABILIS,
Bonorumque memoriâ Digna,
Summâ apud Regem gratiâ.

ESTHER ALTERA.

Continuo orationis studio, & secessu, cum
suis puellis.

ALTERA JUDITH.

Fortunâ primùm adversante fortior;
Eâdem ad prodigium favente superior,
In opibus, liberalitate ergà pauperes, Inops,
In gloriæ apice, christianâ modestiâ, Humilis,
In mediis deliciarum illecebris, verè Austera:
In injuriis & calumniis nunquam Ultrix.
Multùm vixit, ut quæ ampliorem bonorum
operum mensuram implendam haberet:
Parùm vixit, ut quæ vacuum ingens in iis quæ
feliciter implebat, reliquit.
Domum hanc egentibus, sed nobilibus ducentis
quinquaginta puellis, in perpetuum educan-
dis, splendidissimam, piissimam, toti
Regno, ac Religioni utilissimam,
instituit.

In eâque per plures annos abdita vivere, ritè
parata mori, absque pompâ sepeliri voluit;
tot castorum labiorum, non laudes, sed

preces, post mortem, exoptans, citiùs ad Deum perventura.

Obiit, anno salutis 1719, die verò Aprilis, 15 annos nata 83.

N°. XXXI.

LETTRE de consolation aux Dames de St. Louis, sur la mort de Me. de Maintenon.

MEsdames, s'il y avoit des afflictions sur la Terre, où l'on ne pût point recevoir de consolation, la vôtre seroit indubitablement de ce nombre, dans la perte que vous venez de faire de Madame de Maintenon, votre institutrice, votre bienfaictrice, votre protectrice, &, selon Dieu, votre mere, votre guide, & votre modele.

Elle a tout fait pour la Maison de St. Cyr, qui est également l'ouvrage de son cœur & de son crédit; & on peut dire, qu'en perdant une personne si excellente & si chere, vous perdez ce qui vous restoit après Dieu de plus précieux ici-bas, non-seulement par la cessation des bienfaits qu'elle vous a procurés, & dont elle vous combloit continuellement elle-même, mais encore plus par la privation de ses instructions, de ses conseils, & de ses exemples.

Mais d'ailleurs, s'il y a quelqu'un au monde à qui l'exhortation de St. Paul convienne en de semblables occasions, c'est à vous; quand il dit aux premiers Fideles, sur la mort de leurs proches & de leurs amis qui appartenoient aussi-bien qu'eux à J. C. : *Ne vous attristez pas comme des personnes qui n'auroient point d'espérance.* Ces paroles s'adressent aujourd'hui singuliérement à vous; car pour qui aura-t-on l'espoir d'une heureuse immortalité, si on ne l'a pas pour celle qui part de ce monde les mains pleines de toutes sortes de bonnes œuvres, & qui porte avec elle aux pieds du souverain Juge & du souverain Rémunérateur, des trésors immenses de mérites & de vertus ? Aumônes sans nombre & sans mesure; prieres longues & ferventes; communions édifiantes & fréquentes, secours de toute espece, donnés à toutes sortes de personnes, & répandus sur toutes sortes de besoins; mortifications secretes; & malgré la gloire qui l'environnoit, humiliations volontairement recherchées ou vertueusement reçues; travail & instruction sans relâche; support & patience sans bornes & sans fin.

. Voilà durant plus de trente ans de quoi vous avez été témoins, fans parler de ce qui étoit éloigné de vos yeux, & de ce qui fe paffoit dans un pays où elle auroit été bien fâchée que vous euffiez porté vos regards. A la Cour, mille & mille actions héroïques de générofité, de bons offices, d'avis falutaires, de pardon d'injures & de calomnies, fans fe démentir jamais fur ce point-là, & fans qu'il lui foit arrivé de tirer la moindre vengeance dans la facilité qui s'offroit tous les jours à elle d'en exercer de grandes envers ceux qui avoient eu l'injuftice & l'indifcrétion d'en ufer mal à fon égard ; Dieu même ayant voulu lui faire rendre ce témoignage par la bouche des amis & des ennemis, qu'elle avoit fait du bien à tout le monde, & qu'elle n'avoit fait de mal à perfonne.

Elle a donc été cette femme héroïquement forte, capable des plus grandes chofes, & fe rabaiffant volontiers aux plus petites ; entrant avec fageffe & avec fermeté dans les defleins les plus importants, lorfqu'il lui paroiffoit que Dieu vouloit s'y fervir d'elle ; & fe renfermant auffitôt après dans les occupations qu'elle trouvoit plus conformes à la modeftie & à l'humilité, vertus qui lui étoient fpécialement cheres, & qu'on a vu croître en elle, à mesure que son élévation croissoit.

Mais par le discernement que la prudence du Ciel lui donnoit, elle sut toujours choisir dans le nombre des choses que le monde nomme petites, ce qu'elle jugeoit de plus avantageux à la gloire de Dieu, & au bien des ames, qui est inséparable de la véritable utilité d'un Etat Chrétien : appliquée toute entiere parmi vous à l'instruction d'un enfant pauvre, comme elle l'auroit été au Gouvernement d'un Empire ; & estimant au-delà de l'or & des pierreries le bonheur de donner par elle-même & par vous, qu'elle regardoit comme d'autres elle-même, une éducation pieuse à des filles nobles, que le dérangement & la misere de leurs familles en auroient privées.

Elle a eu la consolation de voir avant sa mort que de cette source féconde en bon esprit & en piété se sont répandues dans toutes les Provinces du Royaume, & dans tous les Etats de la vie Chrétienne, dans les Monasteres & dans les établissements du siecle, des filles propres à les sanctifier.

Votre douleur & vos larmes vous avertissent qu'elle n'est plus; mais la source qu'elle a ouverte, coule encore, & coulera jufques dans l'avenir le plus éloigné. C'eſt trop peu dire, ces eaux faintes font partie de celles dont le Sauveur du Monde difoit à la femme Samaritaine, qu'elles rejailliroient jufques dans la vie éternelle.

S'il vous eſt permis de pleurer, que vos larmes au moins foient aſſez pleines de Religion pour mériter de fe mêler avec ces eaux pures, & qu'elles portent dans toutes les perfonnes qui les verront les fentiments de la grace & du falut.

Que vos larmes foient dignes de vous, & dignes de celle pour qui vous les verfez! Sa vie entiere a été dans fon fiecle une manifeſtation éclatante, ou, fi on l'ofe dire en un autre fens, un profond myſtere de la Providence & de cette fageſſe fouveraine qui *atteint d'une extrémité à l'autre avec force, & qui difpofe tout avec douceur.*

Son premier âge & fon premier état a été une longue épreuve; la multitude & la diverſité de fes grands talents, un rare aſſemblage de dons exquis; fon élévation, un prodige; la durée & l'égalité de fon crédit, une merveille; fa vertu & fa tendre piété au milieu du grand monde, & au plus haut point de la faveur, un miracle de la grace; fa retraite & fa mort, un grand exemple; & le degré de gloire où il y a lieu d'espérer que Dieu la fera paroître dans le jour de la récompense, un sujet singulier d'étonnement & d'admiration pour tous ceux à qui l'ignorance ou la malignité auront fait prendre d'elle d'autres idées.

Nous vous exposons ainsi à cœur ouvert les principales considérations dont nous nous sommes servis nous-mêmes, pour nous consoler les premiers, sur une perte qui nous est commune avec vous. Ce qui vous regarde en particulier, c'est l'obligation où vous êtes toutes de soutenir par votre vertu ce qu'elle a commencé par sa piété.

Il vous reste d'elle trois grands trésors: son corps, ses écrits, & ses exemples. Son corps pourra subir la loi générale d'être réduit en poussiere; mais il ne faut pas que jamais rien s'affoiblisse dans votre cœur, ni de ses écrits, ni de ses exemples. Que plutôt son esprit vive éternellement parmi vous! N'oubliez rien de ce qu'elle vous a enseigné; ne négligez rien de ce qu'elle vous a prescrit, & imitez religieusement & inviolablement les vertus que vous lui avez vu pratiquer: c'est avec vos prieres ce qu'il y aura déformais pour elle de plus utile devant Dieu. TIBERCE. BRISACIER.

N°. XXXII.

ON trouve au bas d'un portrait d'une femme du siecle passé, les Vers suivants, qui ne peuvent convenir qu'à Me. de Maintenon.

L'estime de mon Roi m'en acquit la tendresse;
 Je l'aimai trente ans sans foiblesse :
 Il m'aima trente ans sans remords :
 Je ne fus Reine ni maîtresse.
 Devine mon nom & mon sort.

Fin du Tome sixieme.

www.ingramcontent.com/pod-product-compliance
Lightning Source LLC
Chambersburg PA
CBHW071343150426
43191CB00007B/834